用经营企业的理念和方法管理婚姻和家庭

男人婚姻心理学

婚外情治理

解读男人婚外情心理 手把手教你挽救婚姻

朱身勇 著

华龄出版社
HUALING PRESS

图书在版编目（CIP）数据

男人婚姻心理学 / 朱身勇著. -- 北京 : 华龄出版社, 2025. 6. -- ISBN 978-7-5169-2990-2

Ⅰ. C913.13

中国国家版本馆CIP数据核字第2025BL8072号

策划编辑 孙　勇　　**责任印制** 李未圻

责任编辑 郑建军　　**装帧设计** 周　飞

书　名	男人婚姻心理学	**作　者**	朱身勇
出　版 发　行	华龄出版社 HUALING PRESS		
社　址	北京市东城区安定门外大街甲 57 号	**邮　编**	100011
发　行	（010）58122255	**传　真**	（010）84049572
承　印	唐山楠萍印务有限公司		
版　次	2025 年 6 月第 1 版	**印　次**	2025 年 6 月第 1 次印刷
规　格	710 mm × 1000 mm	**开　本**	1/16
印　张	15	**字　数**	200 千字
书　号	ISBN 978-7-5169-2990-2		
定　价	89.00 元		

自 序

这个时代我们拿什么应对婚外情

这是一个最好的时代。之所以说现在的婚姻处于最好的时代，是因为全民都有注重婚姻质量的意识。

但我们可以往前倒数几十年，看看我们父辈的婚姻是怎样的：他们忍受着斗鸡式的婚姻，两个人争吵了一辈子，吵得不可开交，一辈子都在互相伤害却就是互相离不开，为了面子，困在婚姻里面；他们还忍受着植物人式的婚姻，一个人为了家庭无限付出，另外一个人却只顾自己享受，等等。

现在，我们大多不会忍受这样糟糕的婚姻了。我们对婚姻有了更高的追求，更看重在婚姻里获得了什么。我们会思考，在婚姻里自己得到尊重和认可了吗？伴侣看到我们的存在和价值了吗？对方能够让我们感觉到安心，让我们从疲累中复原吗？

除了这些精神层面的满足，我们也希望在婚姻里能够获得物质上、生理上的满足。

希望婚姻可以多方面满足我们，这是当下大家所追求的理想婚姻状态。大家之所以都渴求这样的婚姻，一方面因为大家开始注重婚姻质量，另一方面也是因为这个时代给了我们机会，我们可以勇敢地去追求自己向往的美好婚姻和生活。所以说，这是一个最好的时代。

从另一个层面来看，因为生活在这个时代，我们背负了太多的压力。工作、买房、教育子女、赡养父母、自身的养老等问题，这些问题都像大山一样压在我们身上。与此同时，我们还要不断迭代升级自己，才能应对日益激烈的竞争。这些压力，由谁来解决？没有人来帮我们解决。最后，疲惫不堪的我们开始对婚姻失望、对伴侣不满。

这个时代实在太快了。我们的交通有高铁、飞机，可以快速到达我们想去的任何地方。我们的通信由4G变成了5G，每天都面对着海量信息的轰炸。这个飞速发展的时代，快得让人跟不上节奏，我们的灵魂已经远远落后于我们前行的脚步。我们该怎么办呢？这是我们无法回避的人生问题。

具体到人际交往的层面来说，快节奏必然导致人口流动，人际交往也更快速、更便捷。我们每天都会接触不同的人，随时都可能上演“只是因为在人群中多看了你一眼”的剧情。在人海中相遇的那一刻，脑海中如电光火石般“砰 ”地一下，我们可能就觉得爱上了对方。

现代人的感情显得有点虚假，我们的爱情可以随时发生，也可以随时消失不见。

现代人的爱情瞬息万变，婚姻也开始变得脆弱不堪。以我的职业经验来分析，那些步入了婚姻的男男女女，以为自己爱上了别人，其实是因为有婚姻兜底，有伴侣做垫脚石，他们才有心力去发现另一段“爱情”。但置身其中的人们却浑然不知已经迷失在婚外情里。

这个时代激发出了人太多的欲望。我们想要丰盛的物质，房子、车子有了，财富也有了，还是不满足。我们还想要生理满足，要追求生理层面的刺激。我们太容易对伴侣感到厌倦，躁动的身体总是蠢蠢欲动。另外，我们还要追求心理上的满足，渴望在婚姻里找到认同感和归属感，渴望另一半跟我们心有灵犀，可以成为灵魂伴侣。

我们对婚姻有太多美好的期待，还渴望婚姻能够满足我们个体发展的需求。我们的需求那么多，却难以做到自我满足，而婚姻也没办法满足全部。那怎么办？大家就会向外寻找。

在这个时代，因为很多时候是我们管理婚姻的能力有限，才没能拥有向往的美满婚姻。明明是我们的能力跟不上理想，我们没有向内反省、升级自己，反而一味向外索取，结果就导致红杏越墙而出。

总体来说，受时代大环境的影响，婚外情的问题层出不穷，我们身边出现了太多婚外情的例子，很多人因为婚外情导致夫妻反目、互相猜疑，孩子也受牵连，困在里面。因为父母有婚外情，一些孩子甚至付出了生命的代价。

婚外情的出现，一方面会引发不好的社会影响，甚至造成无法挽回的悲剧，另一方面也会让遭受背叛的人陷入巨大的痛苦中，严重的情况下还会出现抑郁症。在我辅导婚外情案件的十多年中，见到了太多痛苦的妻子。她们发现丈夫有婚外情之后，开始怀疑婚姻、怀疑自我，一遍遍地追问，“他是不是不爱我了？”“他想跟我离婚，娶那个女人吗？”“他不愿意离婚，为什么又不跟我说清楚原因？”

接触了大量的婚外情案例之后，我发现，很多妻子并不了解丈夫出轨的心理，不知道他到底在想什么，也不理解他的种种行为。例如，冷战，离家出走，不愿意分手，不愿意离婚，等等。她们总是用自己的情感逻辑去分析婚外情、猜测男人，导致了很多认知上的偏差。比如，很多妻子以为丈夫出轨就是不爱自己了，实际上从我接触的案例来看，有八九成出轨男人都表示爱自己的妻子，只是对她没有激情了。

很多女性一开始对婚外情和丈夫的认知就是错的，她们自然没办法用正确的方法去应对婚外情。最终，她们的婚姻变成了离也离不掉、过也过不好。时间长了，她们身心俱疲，对婚外情无能为力，只能陷入痛苦和挣扎中。女人要彻底解决婚外情这一婚姻危机，需要深入了解婚外情、了解出轨男人的心理状态和深层动机，也需要弄明白自己的婚姻状态，认识到自己的婚姻到底出了什么问题。而这些正是本书所要讲述的内容。

我在婚外情治理领域工作了十多年，辅导了上万个案例，对几千位出轨男人和情人（本书中“情人”特指丈夫出轨的女情人，反之亦然。）做过深入访谈，非常了解他们的心理和内在需求，明白他们面临的困难是什么。在这本书中，我把这些宝贵的经验和深度理解都详细写了出来，希望可以借助这本书，让更多的人可以客观、详尽地了解婚外情，掌握一些应对婚外情的实用技巧。

总而言之，我写这本书的目的只有一个，希望这本书可以帮助那些遭遇婚外情危机的女性朋友们。如果想要治理婚外情，大家可以把这本书作为参考，从中了解出轨男人的所思所想，这样也可以避免盲目猜测，少走很多弯路。另外，只有真正了解了他们的心思和需求，我们才能够放下怨恨和痛苦，去达成有效的沟通，逐渐修复夫妻关系。只有修复了夫妻关系，才能够一劳永逸，真正从根源上解决婚外情的问题。

写了这么多，我想告诉大家，这本书是治理婚外情的独家宝典。借助这本书，我们可以学会有勇有谋地向婚外情宣战。希望所有的读者都能够从这本书中获益，学习掌握男人出轨的心理，把婚外情的土壤铲除掉，最终彻底解决婚外情。最后，祝福所有的女性朋友都可以顺利解决问题，重建幸福的婚姻。

朱身勇

2025年3月1日于上海

作者交流微信　　朱身勇婚姻管理中心

目　录

出轨男人的藏和瞒

第一章　已婚男人出轨的心态和原因……003

第一节　男人婚内出轨的驱动力……003

雄性激素水平高而出轨 / 基因型劈腿，或者代际遗传出轨 / 婚姻问题型出轨

第二节　婚内不同阶段的出轨动机……006

新婚期出轨 / 孕产、育儿期出轨 / 学龄前期出轨 / 幼儿园时期出轨 / 中小学时期出轨 / 大学时期出轨

第三节　男人事业不同周期出轨的心理需求……017

事业发展期出轨 / 事业高峰期出轨 / 事业低谷期出轨

第二章　男人出轨有哪些征兆……023

第一节　留意这些蛛丝马迹……023

手机 / 车里 / 穿戴 / 情绪 / 钱财 / 工作时间 / 接电话 / 孩子 / 父母 / 互动 / 人际关系

第二节　出轨的危险信号……027

男人出轨的五个时期 / 出轨中有哪些症状 / 出轨被发现之后，会有哪些症状 / 他虽然说与情人分手了，实际上还在出轨，会出现哪些症状

第三章　男人出轨为什么不愿承认…………………………… 037

第一节　他为什么不愿意承认………………………………………… 037

他不承认，是他自认为保护得很好，做得非常隐秘 / 你没有过硬的证据，只是觉得他可疑 / 他怕你逼着他跟情人分手 / 他想保护自己和情人 / 他不想失去婚姻，怕承认了妻子要离婚

第二节　哪种男人会拒不承认 ………………………………………… 042

这个男人在家里占主导地位，势能高 / 男人在自卑中生长，自卑变成了自负 / 男人平时过分隐忍，遇到冲突，也会暴躁 / 回避问题，回避冲突 / 偏执，自我为中心

第三节　不愿承认的心态和顾虑………………………………………… 044

不承认可以更快离婚 / 不承认可以保住财产 / 不承认就不用面对婚姻危机，可以控制整个局面 / 不承认就不会打扰婚外情 / 不承认，是因为他没打算用婚外情替代婚姻 / 他没有想好怎么应对婚姻危机、怎么面对妻子 / 自己不承认，一旦跟情人分手了，还可以很轻快地回归家庭 / 他觉得婚外情完全是他私人的事情，跟其他人没有任何关系 / 我都没有想要离婚，为什么要承认婚外情？如果承认了，到时候闹离婚怎么办

第四节　如何解决不承认的僵局………………………………………… 048

列出婚外情症状 / 跟他谈，他不承认，是害怕什么，担心什么

出轨男人的怕和爱

第四章　出轨男人的恐惧…………………………………………… 053

第一节　出轨时，他最怕什么………………………………………… 053

怕报复性消费 / 怕闹腾 / 怕失去儿子

第二节　挑明出轨后，他会担心什么…………………………… 057

出轨的男人常常怕离婚 / 怕失去妻子 / 他怕离婚后损害他的面子，损害社会形象 / 他怕闹离婚，怕纠缠不休 / 他怕孩子会没有妈妈 / 他怕父母不支持自己，也怕牵连到父母 / 他怕影响仕途，怕影响事业 / 他怕离婚之后，情人不如妻子 / 他怕财产损失，怕影响财运

第三节　分手回归家庭，他害怕什么………………………… 060

我要回头，会付出很大的代价，无力承担这个代价 / 丈夫担心即便回头，妻子可能会收拾我 / 男人回头之后，担心遭受巨大损失，当然不愿意

第四节　如何应对出轨男人的恐慌情绪……………………… 062

他觉得回头需要付出很大的代价，他无力承担 / 他担心妻子会收拾他，甚至报复他 / 他觉得回家之后损失很大

第五章　在男人心里，情人真的比妻子更好吗……………… 065

第一节　贬低妻子的男人………………………………………… 065

原生家庭的问题 / 教养方式的问题 / 条件出众的妻子 / 强势的情人

第二节　为什么男人会认为情人比妻子更好………………… 069

激情和爱情 / 新鲜的肉体 / 光环效应 / 匮乏的心理满足 / 只谈情说爱 / 额外的收益 / 新女神

第三节　情人的优势……………………………………………… 072

心理层面：听话、尊重、支持、放松 / 生理层面：新女神、新心情 / 高期待：满怀热忱 / 罗密欧、朱丽叶效应 / 人际关系 / 物质层面 / 冲突层面 / 时间层面

第四节 妻子的心理建设和应对方法…………………………… 075

认同幻象 / 加快落地，从空中变成现实 / 认同自我 / 温和而坚定，绝不妥协 / 提出结束婚外情的请求

第六章 已婚男人是真爱情人吗…………………………… 079

第一节 嚷嚷真爱的痴男怨女…………………………… 079

四五十岁的中年男人，特别是在婚姻里过得鸡飞狗跳的中年男人 / 听到丈夫说遇到真爱、自我怀疑的妻子 / 怀孕的情人也喜欢问是不是真爱 / 让男人离婚的情人，她也会问真爱 / 拿到了好处的情人，她会觉得是真爱

第二节 婚外情的真爱泡沫…………………………… 085

已婚男人的真爱是什么感觉 / 情人的真爱

第三节 已婚男人做到这些才算真爱…………………………… 088

真爱不可能让一个人长期受委屈 / 五个付出：时间、金钱、身体、人生、未来发展 / 要有独占性 / 要有可执行的规划 / 坦诚的亲密 / 坚决的行动

第四节 妻子的应对方法…………………………… 092

大多数所谓的真爱只是激情，而激情总会熄灭 / 要把注意力聚焦在婚姻问题上，聚焦在分析丈夫出轨的驱动力上 / 妻子一定要客观评估婚姻、分析自己和丈夫的状况 / 一定要进行夫妻会谈，三番五次进行会谈，按照步骤、按照节奏去谈 / 做好夫妻会谈，再进行三方会谈

第五节 情人应对真爱谎言的策略…………………………… 094

你要评估这个男人的婚姻状况 / 你要见见他的妻子 / 要评估自己 / 评估感情 / 评估已婚男人 / 评估未来

第七章　说真爱的男人为什么不离婚…………………………097

第一节　他为什么不离婚……………………………………097

拿孩子当借口 / 会顾及家族和个人颜面 / 因为离婚对他的事业不利 / 男人为了保住财产也会不愿意离婚 / 有的男人会为了控制妻子而不离婚 / 一部分男人为了父母选择不离婚

第二节　他为什么不娶情人…………………………………100

他和妻子的婚姻共同体很强大 / 男人足够理智 / 能够把握妻子 / 情人被他把捏住了 / 对他的约束大于突破 / 失败的案例太多

第三节　离婚后娶情人的后果………………………………102

男人处于非理性的状态 / 男人的婚姻体验感很差 / 妻子的软弱和自卑 / 情人超越了妻子，占据了这个男人的心 / 身边有成功的离婚示范

出轨男人的冷和逼

第八章　出轨曝光后，男人为什么会产生冷暴力……………109

第一节　哪种男人会选择冷暴力……………………………109

仿效或传承 / 在成长的过程中形成冷暴力 / 在亲密关系里形成了冷暴力

第二节　冷暴力的心理原因…………………………………112

冷暴力实际上是男人的应激反应 / 男人认为他和妻子是敌我关系而不能妥协 / 他想要制服妻子

第三节　如何打破冷暴力　…………………………………114

冷暴力的起因是发生了矛盾 / 两人开始说服对方，说服不了就指责对方，最后形成心理防御机制

第九章　出轨男人为什么会逼妻子离婚…………………………117

第一节　哪些情况，会导致出轨男人逼妻子离婚…………………117

妻子没有发现他出轨，他就不提离婚 / 妻子没有要求丈夫跟情人分手，他就不提离婚 / 情人不逼男人离婚，他就不离婚。一逼，他就提离婚 / 情人怀孕了 / 男人用逼离婚来彰显自己的存在，彰显他自己的爱情 / 男人觉得自己和情人是真爱，两人更匹配

第二节　男人逼迫离婚的心理…………………………………………121

男人逼离婚，是在表达一种不满 / 满足情人 / 他想控制妻子 / 他内心的意愿 / 反制、攻击妻子

第三节　男人逼迫离婚的方法…………………………………………123

冷暴力 / 经济控制 / 分居 / 离婚协议 / 找父母、长辈 / 去法院起诉离婚 / 故意斗气，刺激妻子离婚

第四节　妻子应对离婚的策略…………………………………………126

是否有意愿维持婚姻 / 是否能解决夫妻矛盾 / 婚姻的质量如何 / 婚姻的发展如何 / 维持婚姻是否会出现严重问题

第十章　在哪些情况下男人会娶情人………………………………129

第一节　遭遇婚外情后，哪些婚姻会走向终结……………………129

夫妻感情基础薄弱 / 婚姻发展停滞不前，婚姻里矛盾重重 / 婚后满意度很低，两个人相互伤害 / 婚姻中的矛盾冲突没有解决，积累了很多问题 / 夫妻关系恶化，双方情绪崩溃 / 重大事件的发生加速家庭矛盾的变化

第二节　出轨男人许诺娶情人的心态…………………………………132

激越表白 / 激情的承诺 / 随口说的安慰话 / 丈夫为了安抚情人，被迫给出承诺 / 给情人一个交代，不得不提出离婚

第三节　哪类男人会娶情人………………………………………………… 134

理性的男人 / 软弱的男人 / 激情的男人 / 心里有创伤的男人 / 偏执的男人

第四节　哪些情形会促使出轨男人娶情人……………………………… 136

情人已经让男人觉得欲罢不能 / 情人能够安抚、慰藉他 / 情人更匹配男人的未来规划 / 男人重新审视妻子和情人，发现情人更匹配自己 / 这个男人对未来自信满满

第五节　男人想要娶情人，该怎么办…………………………………… 138

勇敢面对离婚 / 勇敢面对丈夫出轨这件事情 / 勇敢面对丈夫的逼离婚 / 勇敢面对情人上门 / 勇敢接受老公与情人分手、回归家庭

第十一章　妻子逼离婚，出轨男人的心理反应………………………… 141

第一节　那些说妻子、情人两个都不要的男人………………………… 141

你要支持他的决定 / 你不要恐惧他提出离婚 / 要求三方会谈 / 男人离家出走，你不要找他回来 / 主动跟他谈离婚

第二节　同意离婚，却无下文的男人…………………………………… 146

他在试探妻子的反应 / 边斗边分，也是难分难舍 / 他对离婚虚与委蛇

第三节　男人为什么会离家出走………………………………………… 148

他和情人已经进入恋爱的巅峰阶段 / 情人逼迫他必须要在一起，他只好离家出走 / 男人对婚姻完全没有责任心，他觉得自己可以为所欲为 / 他对妻子有各种情绪，同时情人一直在拉他离开家 / 各种压力下，促使他离家出走

第四节　离家出走的男人，他想要什么………………………………… 150

他吃定了妻子，并且想脚踏两只船 / 他在家里没有很强的归属感，就去外面寻求情感安慰 / 他想通过离家出走，牢牢抓住情人

第五节　妻子如何应对离家出走的男人…………………………… 151

保持理性，同时保有一点感性 / 明确告知你的底线 / 认真评估自己的婚姻 / 全面评估丈夫

出轨男人的归与恋

第十二章　为什么男人出轨后会乞求原谅…………………………… 157

第一节　婚外情的生命周期…………………………………………… 157

萌芽期 / 高速发展期 / 高峰体验 / 下降期 / 翘尾期

第二节　男人乞求妻子原谅的原因…………………………………… 159

在婚外情之前，婚姻并没有破裂 / 婚外情不能替代婚姻，它只是一个补充 / 他的内心软弱，婚外情也依靠妻子 / 情感上的求生本能 / 他内心深处已经意识到婚外情的伤害，婚外情没有未来

第三节　为什么乞求原谅后，丈夫又再次出轨……………………… 163

他没有决定分手，分手只是他的一种策略，为的是度过当下的危机 / 婚外情的果子实在太美味，他不可能轻易丢掉 / 婚外情分手要经历三个阶段 / 他策略性分手之后，你没有持续给他施压 / 你对他的婚外情没有进行惩罚，或者惩罚太小 / 他在婚姻和婚外情里的创伤没有得到疗愈 / 婚姻没有重建

第四节　对乞求原谅的男人应该采取什么对策……………………… 166

他出轨的行为 / 他出轨的动机 / 他出轨的后果 / 出轨后这个人的变化

第十三章　回归家庭后，男人为什么会进行冷战………………… 170

第一节　回归家庭后进行冷战的男人　……………………………… 170

他遇到了阻碍，意识到该结束婚外情了 / 由于内外受困，他只能

选择放弃婚外情 / 他已经尝过了婚外情的滋味，不能再和情人在一起了

第二节　冷战背后的心理…………………………………………………… 173

他没有真正想要回归，他是不得已回归 / 他还在为情人守忠 / 他害怕跟妻子过多接触，暴露隐私 / 他要反击、反制妻子，他要先下手为强 / 他虽然回归家庭了，但他还心有不甘 / 他想要跟妻子缓和关系，但内心还有恐惧 / 他不知道妻子是不是真的会原谅他，他想通过冷战的姿态让妻子放过他

第三节　如何解决冷战局面………………………………………………… 176

你现在确定回归家庭了吗？你确定了跟情人分手吗？ / 坦言他现在冷战，可能会导致离婚 / 你要打出你的底牌，告诉他你的底线 / 你要跟他坦诚沟通，谈谈他冷战的目的、心理和后果 / 你要告诉他，我们可以打破冷战 / 你要营造轻松的、可以沟通的气氛，营造你们未来可能的生活方式

第十四章　回归家庭后，男人为什么和情人断不了……………………… 179

第一节　他为什么和情人断不了…………………………………………… 179

激情喷发 / 积极关注，热烈地回应 / 疯狂的认可，超级的肯定 / 总是幻想有美好的期待 / 你的好，你的妙，你的一切都想要

第二节　回归后的“断”…………………………………………………… 182

婚外情和完美的感受已经破灭 / 他意识到婚外情早晚要破 / 离婚的计划破了，结婚的承诺破了

第三节　回归后的“不断”………………………………………………… 183

我爱你，但我不能离婚，老人、孩子、工作怎么办 / 你为什么不能离婚呢？你就是爱你的妻子，不爱我 / 我是真的爱你，你真的是骗子，你有本事说爱我，没有本事做到 / 我确定是爱你的，你一定要给我时间，时间能够证明一切 / 你只爱你自己，你这种人

就是自私，我付出那么多，我等不了了 / 算了吧，我什么也不想，我只要爱。我什么都不说了，我就要你陪我，你不来陪我，我肯定跟你闹

第四节　如何应对藕断丝连…………………………………… 186

你要打掉情人的幻想，让她面对现实 / 你一定要撕掉你丈夫的虚伪面目，露出真面目 / 确立分手这个底线，共同见证分手

第十五章　男人有私生子，该怎么处理……………………… 188

第一节　为什么男人会有私生子……………………………… 188

男人和情人一直在纠缠，他并不想曝光私生子 / 丈夫用分手把妻子安抚好，再用分手把情人威慑住 / 妻子欠缺管理婚姻的能力

第二节　为什么有了私生子还不离婚………………………… 192

妻子不会离婚 / 他很清楚只需要哄妻子一下，就万事大吉了 / 妻子害怕离婚 / 妻子离不开他 / 妻子接受现实

第三节　怎么应对有私生子的婚外情………………………… 195

你们的婚姻质量能不能支撑挽救婚姻 / 弄清楚男人和私生子的关系是强关系，还是弱关系 / 弄清楚婚外情跟婚姻的关系：是替代关系，还是补充关系 / 我们要考虑他们断不了什么，是断不了感情，还是放不下孩子

第十六章　男人真正回归家庭………………………………… 201

第一节　男人选择回归的原因………………………………… 201

夫妻两人的感情基础 / 婚姻是不是有发展 / 婚姻的满意度 / 对于夫妻之间的矛盾冲突，能不能解决 / 婚姻的舒适区

第二节　男人真正回归家庭的迹象…………………………… 204

肢体由僵硬变柔软 / 他不会那么牵挂手机了 / 最重要的一个指标，他愿意跟妻子谈婚外情 / 他也会表露真实的情绪 / 明确了导

致分手的具体事件 / 确定了回归的根源 / 融入家庭生活中 / 开始共同执行规划 / 不再怕伤害情人了 / 他开始明确对妻子提要求

第三节　回归家庭的三个阶段……………………………………………… 207

理性层面的回归 / 物理层面的回归 / 依恋关系的回归

第四节　治理婚外情的步骤………………………………………………… 210

我们要接引负面情绪，停止夫妻关系恶化 / 梳理你们之间的矛盾冲突，确认真实的矛盾 / 系统分析原生家庭及个人成长史，进行婚姻匹配度分析。找出婚姻跑偏的根源，并疗愈彼此之间的创伤 / 破除婚姻及婚外情的误区，消灭夫妻卡壳的地方，建立夫妻链接 / 分离外界的干扰，安置干扰人员 / 疗愈婚姻创伤，促进双方成长 / 再造婚姻，构建婚姻共同体

后记…………………………………………………………………………… 217

出轨男人的藏和瞒

第一章
已婚男人出轨的心态和原因

第一节　男人婚内出轨的驱动力

很多人一听到分析男人出轨的原因，就会产生排斥心理。他们认为这是给出轨的男人找借口、找台阶，把出轨这件事合理化。其实并不是这样。作为一名婚姻管理师，我可以十分肯定地告诉大家：出轨这件事有很多种原因，背后有深层驱动力。寻找出轨的原因，不是为男人找借口，而是为了找出解决方案。

如果连对方出轨的原因都不知道，连驱动力都不知道，就试图用道德、法律的方法，或者“一哭二闹三上吊”的招数去解决婚外情，这样就没办法彻底解决婚外情的根，因为这些应对方式并没有清除婚外情的土壤，也没有消灭掉男人婚外情的观念。

男人为什么出轨？关于这个问题，大家往往误认为人品差、没有原则的男人才会出轨，老实、负责任的男人就不会。实际上，出轨本质上不是道德的问题，是需求的问题；出轨不是人品的问题，而是人性的问题。

例如，萧萧的经历可以很好地说明这一点。萧萧婚龄10年，最初她选择嫁给阿杰，就是看中他很老实。两人恋爱的时候，他见到萧萧都会脸红，碰她的手都会发抖。和萧萧一起逛街，看到穿着比较暴露的女人，他也会脸红地回避。那时候萧萧主动提出去海滩玩耍，他都不愿意去，觉得不好意思。这么老实的男人都出轨了，还是被自己的亲生女儿发现的。

事情起因于阿杰的手机。平时阿杰经常会把手机给女儿玩，有一次手机正在女儿手上，突然进来一条信息，“老公，我想要你”，还配上了一张情色图片。女儿看到消息，就拿着手机跑去问妈妈。

小姑娘天真地问萧萧：“妈妈，是你发的吗？羞羞脸。”

萧萧拿过手机一看，一瞬间就明白了。她气冲冲地去质问丈夫，但是阿杰死活不承认，一口咬定自己没有出轨，是那个女人臭不要脸，发这种开玩笑的消息。萧萧肯定不信，后来给那个女人打电话，那个女人支支吾吾地否认，一连说“没有”。

萧萧质问她：“你发这句话是什么意思呢？”

“我发错了，是发给我丈夫的。”

萧萧还是觉得不对劲，特意去翻看了那个女人的朋友圈，发现她根本没有结婚！发现两个人都在撒谎，萧萧愤怒得失去了理智。她揪住这个问题不放，紧紧逼问了丈夫一整晚。一直到第二天早上七八点，阿杰扛不住了，他承认了出轨，给萧萧下跪，并写了保证书。

虽然丈夫最终坦白、忏悔了，也保证不会再犯了，但是萧萧还是没有办法接受阿杰出轨的事实。她一再问我：“那么老实的男人都会出轨，天下的男人还可信吗？我的婚姻还可信吗？”

从情感层面，我很同情萧萧的遭遇。但是从理性层面，我也想说一句不好听的真话。遇到萧萧这样的妻子，男人不出轨才奇怪了。这话虽然不好听，但你想想，发现丈夫出轨了，可以连续“严刑逼供”12小时！这谁受得了？根本就没人受得了。以我的专业敏感度，从这个细节也可以推测出，在他们的婚姻中，萧萧是强势的那一方，阿杰处于弱势。

在后续的咨询中，夫妻二人透露出的更多事实也印证了我的判断。结婚十年，萧萧已经习惯了欺负阿杰，让阿杰服从自己的意愿。她没有看到自己的问题，自然也想不到老实怯懦的丈夫会出轨。处理这个案例，我给的指导是让萧萧给她丈夫更多选择，给她丈夫更多的力量和支持，而不是像之前那样强势地逼迫他。

读完萧萧的故事，可能有人会觉得男人这个物种就是会出轨，不分原因。这样下结论并不科学，以我的经验来看，男人出轨大致上可分成三类，处理起来难易不同。

一、雄性激素水平高而出轨

男人雄性激素水平过高，有性瘾，这是一个问题。具体的表现是，有的男人能力太强，技术水平太高，需求量也太高，要解决这种情况，可能需要辅助药物治疗。

二、基因型劈腿，或者代际遗传出轨

已婚男人（注：本书将已婚男人简称为男人，未婚男士无此称呼）出轨是有迹可循的，他爷爷出轨，他爸爸出轨，他爸爸的兄弟姐妹出轨，到了他这里也出轨。这种家族代际传承会影响他对婚姻的观念，对女人的态度。他对婚外情的观念和态度是遗传下来的，很难改变。这类出轨处理起来就很难，也特别麻烦。

三、婚姻问题型出轨

这种情况往往是婚姻内部出了问题，解决了婚姻问题，就可以很好

地处理掉婚外情。

细分的话，要找出男人出轨的具体原因，一定要看他处在婚姻中的哪个阶段。不同的阶段，出轨的驱动力是不一样的，心理活动也不一样，解决方案自然也会不一样。

第二节　婚内不同阶段的出轨动机

一、新婚期出轨

1. 旧情未了

以玲玲的案例来说，玲玲结婚不到半年，她丈夫就出轨了，出轨对象是前女友。原来他跟前女友分手后，一直都保持联系，有时还出去“约一下”，甚至在跟玲玲恋爱期间，他跟前女友还有滚床单的行为。婚后第三个月，玲玲发现了丈夫的出轨行为。她提出离婚，然而她父母不同意他们离婚，她丈夫也下跪哀求，不同意离婚。

这种属于旧情未了的出轨。一方面，前女友的某些方面很能满足这个男人，但在重要的方面他又没办法认同他的前女友，所以他一直在玲玲和前女友之间犹豫不决。当时，我们的解决方案是安排三方会谈。玲玲的丈夫却表示：“我宁愿离婚，也不要三方会谈，我不要再伤害前女友。”他对前女友有很深的愧疚感，他之前让前女友堕过两次胎，还接受了前女友给的大量金钱。因为这份愧疚，加上他心太软，他跟前女友始终没有彻底分手。最后弄得两头都没有满足，对他都有埋怨，他自己也很痛苦。

2. 婚心未定

爱爱结婚才半年就面临离婚，不过她的情况是男方提出离婚。这个男人对她说："我跟你之间没爱了，我不爱你了。"他们二人是闪婚，结婚也很简单，没有仪式，也没有度蜜月。婚后男人经常去外地出差，爱爱要找到丈夫也很难。

这个男人在出差时又找了别的女人，他的工作是销售，经常去各个地方出差。他本人在很多地方都有女朋友，身边女朋友一直都不断。这种人就属于婚心未定，没有定力。

这个案例，我是直接辅导他们离婚的。他们既没有进入婚姻中的角色，没有建立依恋关系，也没有相互认可。这根本不需要进行三方会谈，直接谈离婚更适合。

3. 夫妻生活不和谐

兰兰结婚一年多后，发现丈夫出轨了。在这一年多里，他们夫妻两人一直没能顺利完成夫妻生活，很痛苦。原因是兰兰的器官痉挛，导致没办法进入。在这样的情况下，她丈夫忍耐了一年多，憋不住了，才找了别的女人。接受辅导后，她能够正常地和丈夫过夫妻生活了。但是，她丈夫发现自己还是很爱那个女人，最终两人选择了离婚。

4. 磨合矛盾

丽丽结婚不到半年，夫妻二人发生了各种各样的矛盾冲突，导致他们根本没办法在一起。

最初谈恋爱时，什么都好，但是婚后就变成了什么都不好。两人生活习惯不一样，吃饭都吃不到一块。丽丽对丈夫有很多不满，他做什么都令她嫌弃。两人最终分开了，这是新婚期里磨合失败导致的离婚。

二、孕产、育儿期出轨

孕产、育儿期的出轨可以细分成三大类：生育问题导致出轨；一胎时出轨；二胎时出轨。

1. 生育问题导致出轨

小于结婚13年了，一直没有孩子。十几年来，她丈夫坚持要孩子，但小于始终没能怀孕。后来，他就去外面找了第三者。情人怀孕后，找到小于逼着离婚。

对这个案例，我采取了辅导离婚。为了要孩子，小于和丈夫受了很多的罪。夫妻两人以前如胶似漆，后来闹得不可开交。男方有了婚外情后，干脆搬到了外地情人的住所，不回家了。这种情况下，夫妻感情完全破裂，可以选择分开。

这种纯粹是生育需求导致的出轨，还有的因为要生儿子导致出轨，从而要离婚。有一个案例，夫妻两人生了三胎，全是女儿。这个男人虽然很爱妻子，但为了要儿子，在外面有了情人。他的情人答应他，一定帮他生儿子。这话很荒谬，这种事情怎么保证？怎么能够确定呢？后来，这位情人也是生了两个女儿，也是独自带着孩子生活。这种情况我就不会建议他们离婚。

2. 一胎时出轨

大多数家庭在生一胎的时候，在孕产、育儿期，通常会出现3个问题。

（1）性饥渴

很多女性怀孕时，不让丈夫碰，也不会协助丈夫去满足。丈夫说："没事，忍得住，扛得住"，结果却忍不住、扛不住了。刚开始的时候，男人看看片子来满足自己，但尝过女人味道的男人，他哪里还愿意自产自销呢？在这个特殊时期里一些男人容易出轨。

（2）情感饥渴

女性在生育、哺乳期间要承受很多压力。怀孕期有孕吐反应，丈夫一门心思要伺候她，真的是没有一天安宁。生完了孩子，要坐月子、要喂母乳。一直到小孩子一周岁之前，整个过程对夫妻都是非常大的考验。女性做了妈妈很敏感，很多心思都花在孩子身上，对丈夫的关注少了很多。

男性要帮忙照顾妻子、孩子，家庭琐事很多，压力也大，情感上却没有得到满足。

试想一下，一个男人在外面加班加点，忙得累死累活，到家还没喘口气，还没喝口水，妻子就嚷嚷着腰酸、肚子不舒服，男人还要帮忙做家务活。时间久了，他身心俱疲，很可能去外面找一个女人温存。

有一个案例，就是一位这类的男人，他的情人是同公司的前台。那位姑娘对每个人都是笑脸相迎，客客气气的。有时候还帮他倒茶，寄快递。这些很日常的小事，在他的眼里很宝贵。他觉得这个女人特别温暖，甚至还想要跟她结婚。

（3）婆媳大战

生孩子后的婆媳大战，我们很多人都会遇到。很多夫妻在一起过得挺好的，婆婆要来之前，两人就吵了起来。妻子觉得婆婆不好，不想让她来，就跟丈夫沟通。两人沟通不了，就演变成吵架。婆婆真来了，相处没几天，妻子就对婆婆有很大意见，觉得婆婆性格强势，生活习惯、卫生习惯不好，碗洗得不干净，菜切得太大块……诸如此类的琐事。

家中由于婆婆的介入而出现婆媳问题，男人被迫要选边站，很容易受夹板气。他长时间在家中得不到温暖关怀，就很容易出轨。

3. 二胎时出轨

二胎时，除了会面临和一胎相同的问题以外，还会有心理压力、对婚姻的倦怠等问题，也容易导致出轨。其中，最主要的是源于心理压力的出轨。

要二胎面临的心理压力，跟一胎时不太一样。有的男人不想要二胎，妻子一定要生。有的男人挣钱能力有限，这是一种压力。有的男人觉得生一个老大已经让人心烦意乱了，还要生老二，到时候出气筒又是自己。他根本不想生，这也是一种压力。

还有一种情况是夫妻关系不好，妻子就想通过生二胎修复夫妻关系。其实这样的做法并不可取。实际上，生二胎只是把生一胎的步骤重复了一遍，并且生二胎的出轨率，比生一胎的出轨率要高。

你们的婚姻，已经承受了风风雨雨和各种各样的压力，出现了各种问题，这个时候再生二胎，会把问题变得更加复杂，更加难处理。

另外，还存在一种心理问题，有人认为女人生完孩子之后就松垮了，男人觉得没意思了。还有的男人，可能因为妻子身上有奶腥味、妇科问题等，心理上有障碍，导致夫妻两人没有办法在一起。

综合来说，在孕产、育儿期，男人容易出轨主要是因为性、情感、人际关系等方面的问题。

这些不解决，就会产生压力。男人一有压力，就容易想去外面寻找点乐子放松，这就是孕产、育儿期内出轨的原因。

三、学龄前期出轨

1. 原生家庭防御模式激发创伤

当孩子到了学龄前期时，家庭中常常会出现一个现象：夫妻双方很容易因为育儿、家庭矛盾等原因，激发出原生家庭的防御模式，导致夫妻关系恶化，甚至出现婚外情。

举一对经常吵架的夫妻的例子，有一天争吵时，男人突然发现妻子非常像自己的妈妈——那种没完没了、啰啰唆唆的模样，怎么看都特别像妈妈。那一瞬间，他从心里就开始厌恶、否定妻子。再后来，他出轨了……为什么会出现这种情况？答案都藏在他的原生家庭里。

这个男人的父母关系并不好，时常争吵。他的妈妈很爱抓住一件事不放，喋喋不休地说得人心烦意乱，令家人几近崩溃。他父亲也因此很厌烦家里，就有了婚外情。他从小也很反感妈妈的唠叨，本来他学习成绩很好，就因为他妈总喜欢唠叨他的学习，导致他高考时出现逆反心理，最终影响了成绩。对这个男人来说，争吵、唠叨就是可以压倒他的最后一根稻草，足以让他逃离家庭，去寻找别人的怀抱。

父母的某种行为让孩子反感、讨厌，甚至让他有了创伤。当他在伴侣身上看到同样的行为时，他的创伤记忆会苏醒。他会对伴侣产生敌意，觉得伴侣很讨厌，甚至会直接否定伴侣和这段关系。如果是这种情况出现了婚外情，就属于创伤型出轨。

应对这种出轨，我们可以根据这种类型的问题去分析原因，然后去满足他、疗愈他。平时沟通的时候，可以用我在“夫妻沟通法门”中提到的疗愈性语言去交流，打开他的心结。一般辅导这类案例，我都会从两个方面去分析出轨男人的原生家庭：一方面是他原生家庭父母的婚姻模式，另一方面是他父母的教育模式。

2.理想破灭型出轨

当理想照进现实，仙女走进了婚姻，就有了落差。有一个案例是这样的：夫妻两人最初相识的时候是夏天。女孩扎着马尾辫，穿一身长长的白裙子。风一吹，裙裾飘飘。看到这一幕，男孩一下子就迷上了她。他觉得白衣女孩好温柔、好纯洁、好漂亮，就像下凡的仙女。后来他们成了家，有了孩子。因为孩子，温柔的仙女变成了可怕的“母老虎”。她动不动就发脾气，还会打孩子。他十分失落，心想我娶的妻子怎么是这样的人呢？所以，他就到外面找了一个温柔的女人。

但是他没有想过，为什么这个原本温柔的女人会变成这样呢？这也有丈夫本身的问题，因为他不管孩子。

3.情绪出口型出轨

很多媒体报道过，国内离婚原因比例最高的是家庭琐事，事实确实如此，婚姻中的日常矛盾，最容易导致夫妻问题。有的男人选择了离婚，有的男人选择了出轨。如果男人因为日常矛盾出轨，就属于情绪出口型出轨。

这样的男人有很多情绪，他很想找一个人聊天，排解内心的不满和孤单。至于找谁聊天，可以分很多类型，这里简单列举常见的两类。一种男人会到网上找网友聊天，聊家里的烦心事、自己的各种事情。时间长了，聊着聊着就出问题了。还有一种会找身边的熟人聊天，比如女同事。我印象比较深刻的一个案例就是这种情况。那个男人不到30岁，找了一位40多岁的女同事聊天，聊到最后，跟她出轨了。那位女同事还闹着要跟自己的丈夫离婚，还好没有把他暴露出来。如果暴露出来后，就不是闹离婚那么简单了，他根本不会娶那个女同事。

通过这个案例，大家会有这种感觉，有时候，一些阿姨也很可爱、很天真。四十几岁的女人听二十来岁的已婚男人诉苦，两人就诉出感情来了。她一下子变得充满了母爱，满心想把他照顾好。深入分析，可能这样的女性内在也有情感匮乏，所以才容易被打动。

四、幼儿园时期出轨

1. 问题解决型出轨

从大量的辅导工作中，我发现一个比较常见的现象：幼儿园的家长会相互出轨。开始的契机，多半是家长交流群，一个是孩子爸，另一个是孩子妈，两个人在群里特别活跃，总会积极发言，指点别人孩子该怎么教育，一来二去，两个人就走到了一起。

我辅导过的一个案例就是这样。两人都是家长，女方还离了婚。男人经常和她在群里交流，觉得这个女人好温柔、好有才华、好会照顾孩子，浑身上下都是优点。他就要离婚，想娶这个女人。当时我们安排了一个会谈——安排这位男家长和女方的前夫聊聊，了解他们是因为什么事情导致了离婚。他才发现那个女人其实并不像他想象的那么温柔，而是一个比较强势的女人。女方的前夫透露她特别强势、霸道，什么事都要按照她的方式来。了解这些细节后，这位男家长马上说：“我也吃不消，还是自己的妻子好。”

这类就属于问题解决型出轨，他认为妻子某些问题处理不好，因此觉得情人好，所以他就出轨了。

2.对妻子的认知出现了问题

这个案例比较特殊，男方是我们的同行，也是做心理咨询的。他家中有两个男孩，老大上小学，老二上幼儿园。孩子们的学习成绩都不好，还调皮、不听话，他妻子被折腾得筋疲力尽。当时他请了一名专门做亲子教育的未婚姑娘，工作能力很强。他希望这个女生能够帮他把孩子教育好。这姑娘把亲子教育做得很出色，孩子们变得懂事、听话了。因此他不顾一切去追求她，两个人谈了恋爱，他就要逼妻子离婚。妻子自然不答应，但她采取了一个好的方式，就是做咨询。我们了解情况并作了分析后，约谈了那位做亲子教育的姑娘，提出了如果他俩结婚的话，这两个孩子就归她抚养。听到这话，她马上表示：“我也教不了那两个孩子。”

这是怎么回事呢？她告诉我们，在孩子父亲眼中，两个孩子都是笨蛋，只知道调皮捣蛋。然而，身为老师的她却发现孩子根本不笨，调皮也是有原因的。这位父亲不仅这一次出轨，之前也出轨过。因此她对未来也感到困惑。从事心理咨询的人都知道，出轨对孩子产生的负面影响有多大。

孩子有问题，他就认为是妻子教育不当。夫妻关系不好，也认为是妻子的问题。这种类型属于对妻子的认知出现了问题。

跟妻子过不好，那就离婚好了，为什么他非要出轨？实际上，他总觉得自己是正确的，应该被人仰慕、被人崇拜。他妻子不仰慕他，但那些求助者会仰慕他，情人也会仰慕他。往深处说，他出轨背后也有这层心理原因。

3. 拒绝房事出轨

这也是十分常见的原因。孩子出生后，小两口熬过了最辛苦的几年，直到孩子读幼儿园，才有了些许放松。但是长期的疲惫令夫妻的性生活处于亚健康状态，夫妻两个人没有心情正常同房。大多数情况下，妻子心想我太累了，你又不帮忙分担，怎么可能还愿意跟你做那种事情。

女人进入婚姻后，成了妻子、母亲，她要承担的事情很多、很累，也会敏感。男人不做家务，不带孩子。譬如回到家看见小孩子丢在地上的东西，都不会捡一下。导致妻子心里积压了太多负面情绪，妻子不愿意跟丈夫同房。如果是那种挣钱不多、照顾家又少的男人，女人会有更大的愤怒和情绪，更会拒绝他。

对男人来说，如果你拒绝他的次数多了，他就没有面子，觉得没有做男人的价值和尊严，他会有焦虑和压力，会有很大的挫败感。他会想你不要，有人要。你不愿意做，有人愿意跟我做。

我辅导过的一位女士就经历过这样的事情。她丈夫放话："你不跟我做，我花钱找别的女人"。她也来一句："你去！你去花钱找别人做好了"。结果，他真去找别人了。

女人一定要知道，如果你跟丈夫3年、5年，甚至10年都没有夫妻生活，他不出轨都说不过去。这个就像吃饭，俗话说一顿不吃饿得慌，三顿不吃，连造反的心都有了。性是人类重要的生活内容，是正常的生理性的需求。

五、中小学时期出轨

1. 瘙痒型出轨

夫妻之间有一部分问题解决了，有些需求也满足了，但是双方之间缺少必要的尊重和关注，以及必要的肯定和崇拜。如妻子可能经常否定丈夫，经常跟他吵闹，甚至还闹离婚，最终导致他出轨，这就属于瘙痒型出轨。

婚姻里面的小问题累积起来就成了大问题。处理瘙痒型出轨的关键是调整好夫妻关系。丈夫到外面寻找的就是肯定和崇拜，希望有人给他点赞，让人觉得他真厉害。他想要一个温暖的港湾等。当夫妻进入瘙痒的状态时，如果双方不懂得给对方挠一挠痒痒，他就找别人挠了。

2. 觉醒型出轨

最让人担心的就是觉醒型出轨。男人一旦觉醒，你就没有办法跟他在一起了。强扭的瓜不甜，大家的人生道路不同，只能分开。

我处理过一个觉醒型出轨案例。这位女士的丈夫的学历是大学本科，她的学历是研究生。最初她丈夫就不是特别喜欢她，而是她倒追她丈夫，硬生生把这个男人给追到了。婚后等小孩子上了小学，她丈夫越来越觉得人生不能这么过，越来越觉得妻子不是自己想要的，总觉得这个婚姻不如意。他虽然是本科毕业，但后来又读了高级管理人员工商管理硕士（EMBA），读了数据库管理员（DBA）。通过自己的奋斗，通过抚养孩子的历练，他的人生逐渐打开来了，他更加意识到妻子不是自己想要的那种女人。我们在辅导过程中，我跟这位男士谈了5次，确定了他是觉醒型出轨。最终，我们建议这位女性考虑离婚。

事实上，这位丈夫对妻子也有诸多的肯定，但他们各自想要的婚姻模式并不一样。我们给他们两人做了原生家庭分析，做了婚姻匹配度分析等一系列分析，最终确定这个女人不是他心里想要的人。我们还帮他分析了他的情人，其实也不是他想要的。当时，我非常坦白地告诉他，离婚没有问题，问题是他跟情人也不合适，并不匹配。在辅导的过程中，他就跟情人分手了，最后也还是离了婚。

3. 补充型出轨

为什么我会把补充型出轨归类到中小学这个阶段呢？因为婚姻往

往要经历过一定的时间才会沉淀，让夫妻双方对伴侣有比较准确客观的判断。这个时候就可能会出现一种情况，男人觉得自己妻子只有60分或者59分，他想要一个更高分的妻子。一旦发生这种状况，虽然他跟妻子有互动，也认可妻子，但他就觉得妻子不够完美，会跟妻子产生矛盾冲突，从而出去找其他人。这就叫做补充型出轨（也是夜宵型出轨）。

他找女人纯粹就是补充妻子的不足，这种是最常见的出轨。

六、大学时期出轨

相对于其他阶段，这个阶段出轨相对比较少，但很多人也会遇到。

1. 目标完成型出轨

生活中人们常会看到，有的夫妻等孩子高考结束，上了大学后就提出离婚。我们辅导的这类案例很多。其中有一部分夫妻早已确定要离婚，就忍到高考结束才去办理。可能丈夫以前就出轨了，也有可能在这个时候出轨了，这种就属于目标完成型出轨。

这种出轨处理起来相对来说比较难，就像我们经常说的爱无能了。因为夫妻双方都没有能量了，两人都感到绝望了，没办法了，大家就离婚达成了一致性，很难挽回。

2. 空巢型出轨

尤其是40~50岁和50~60岁这两个年龄段的人群，他们的子女大学毕业了、结婚了，他们又都退休了，每天待在一起，又产生了新的矛盾冲突，两个人经常在家里大眼瞪小眼。这时候，丈夫因为没有合适的方向，就很容易找其他的女人。这就是空巢型出轨。希望大家要特别注意这个类型。

还有一些男人快60了出轨，这叫“‘50后’的挣扎”“‘50后’的最后一口气”。我们常常说在官场上有“59岁现象”，其实在婚姻里也有。人在五十几岁的时候，人生、事业要落幕了，就想做最后的挣扎。当男人感觉到人生要凋谢的时候，就特别想要找年轻的女人来证明自己还年轻，还有活力，还有第二春。这种类型处理起来也比较难。

第三节　男人事业不同周期出轨的心理需求

前面是按照婚姻发展周期来划分的出轨类型。如果按照事业发展周期来划分，还可以分为下面三类。

一、事业发展期出轨

1. 激情事件偶发的出轨

例如男人去外面应酬叫了小姑娘，结果喝醉了，两个人去酒店开了房间，这属于激情事件偶发的出轨。这类还有一种情况，男人跟女同事一起出差，因为偶发事件导致了出轨。既然有了一次，就可以有第二次。人生就是这么奇怪，妻子也是这么奇怪，以前丈夫没有这样出轨，自己看得很紧，但有过几次了，就都不管了。甚至彼此都这样。

2. 事业帮手出轨

我遇到的案例绝大部分都可以归为这种类型。男人觉得这个小姑娘特别能干，一离了她，事业发展不了了，公司就要垮了……他真觉得这个女人不得了。

拿我辅导的一个案例来说，男人的出轨对象是公司的设计主管。因为公司之前的设计主管离职，他提拔一位女士担任这一职位。这个女人特别有感恩之心，加上她离婚了，就把精力全部投入事业中。她升职后非常努力，除了设计部的事情，她还负责采购、订单等事务，公司的大小事务她都要经手，付出了巨大的心血。男人觉得她是事业的好帮手，慢慢地就跟她走在了一起。

3. 事业伙伴型出轨

有一个案例，我印象十分深刻。有个男人每开一家分公司，就会出轨一个女人，把情人调到那个分公司里。还有一些男人，会跟合伙人搞在一起，男人在外面拉投资人不成功，突然有一个女人主动过来做投资人，他就觉得她特别好、特别美，就跟她出轨了。这些都属于事业伙伴型出轨。

人人都渴望有人听自己的意见，渴望有帮手帮自己解决困难，男人也是这样。男人在事业发展期的时候很有冲劲，这个时候他找的情人都是真正有能力的女人。这里面存在一个心理因素——他经常会把情人的价值、能力统统都放大，觉得自己的事业离了她就不行了。

面对这种情况，我一般建议他撤销情人在公司的职位，不再让她参与公司事务。他觉得离开了情人，公司就垮掉了。我就建议他撤销她的职位，把其他人提上来做管理者。结果，新人也做得挺好的，公司也没垮，运营得挺好。一家公司连老板死了，都可以正常运行，更何况一个普通的员工。只要各个部门的功能还在，领头人牵一下线就行了，不存在离了谁，公司就会垮掉的事情。

当你发现丈夫在事业发展期出轨了，你一定要做到这三点来补救。

第一，你要听他讲公司里各种各样的事情。如果他不讲，你要主动问。

第二，你要发表你的看法，千万记住不要发表你的建议，更加不要逼迫你丈夫按照你的方式解决问题。如果你是这样的态度，他就不会再跟你讲了。

第三，丈夫跟你讲各种事情，不要总是否定他，你要是总说他这个想法不对、那个想法不对，他干吗还要再跟你沟通呢？其实这也是与人交流要注意的问题。

二、事业高峰期出轨

1. 膨胀型出轨

有一类男人得志便猖狂。他以前一个月挣三四千元，现在年收入三五百万元。他们会觉得自己现在有钱了，很牛很厉害，怎么着也得配一个情人。这时他们连自己是谁都不知道了。这种属于膨胀型出轨。

这种男人要别人给他高度的肯定，要人崇拜他，给他戴高帽子，他走哪里都是一副老板的姿态。这类男人在家里也是如此，他怎么看妻子都觉得是部下、不得劲。

2. 跟风出轨

男人事业高峰期时，还会出现一种情况：跟风型出轨。男人以前是打工者，常跟着老板出入夜总会。以前，他挣得不多，不敢乱来，现在他也是老板，跟以前的老板称兄道弟，甚至事业比以前的老板做得还好。他看到老板找了情人，心想自己也应该找。我们常说追风少年，其实男人到了中年也会追风，想着试一把出轨。

在十八线小县城里，追风型出轨特别多。当然了，一线城市也有，只不过在一线城市，大家“吃相”好看一点，一线城市的情人们尽量不生私生子，而十八线小城市里，那些女人大多都大着肚子。

3. 被扑出轨

有些男人也没想要出轨，却硬生生地被扑倒了。有个也比较特殊的案例，这位男士其实真的很洁身自好，很守得住自己。他在各方面做得都非常好，对妻子、孩子也都很好，每周末两天都雷打不动在家里陪妻小。平时他出差，还会带妻子一起去，可以算是非常模范的好男人了。结果，硬生生地被他的一位来访者给扑倒了。

那位来访者是一位离异的女性，年龄比他小五六岁，性格比较泼辣，功利性比较强。她就是喜欢他儒雅、忠诚的特质，硬生生地扑倒了这个男人。

当时，男人坚持说："我不跟你发生关系。"

"那怎么能行？你必须跟我发生关系，你不发生关系，我找你妻子去。"

就是这样半带着威胁，硬生生地发生了关系。后来被他妻子发现了，男人抵死不肯承认，他很害怕，最后找我们来辅导。我们分析了他的状况，建议他直接跟妻子挑明。事情到了后来，那位情人提出分手费要2000万元。经过我们与她协商，只赔了几百万元。

这个案例告诉我们，成功的男人要小心，不是什么女人的床都能上的。而对女人来说，如果你的丈夫事业处在高峰或者上升期，你也要多加注意。如果他情绪有变化，脾气暴躁，对你不耐烦，或者行为嚣张，总跟你吵架，他有可能是出轨了。

三、事业低谷期出轨

事业低谷期的男人只要有婚外情了，一般来说事业就没有起死回生的可能了。我们经手过很多案例，大多数男人发生婚外情之后，事业就一路下滑。我曾经辅导过的一位女士告诉我，她丈夫三十多岁时就积累了亿万财富。自从有了婚外情后，做什么生意都失败，赔了很多钱。两三年工夫，亿万身家亏了一半。男人出轨之后，为什么事业容易失败呢？根本原因有两个，一是出轨男人的心力很难专注在事业上；二是他承受了很大的压力。他们没有能力解决这些问题，就会采用回避的方式处理事情。这种回避的方法一定会使事业垮掉。

1. 事业激励型出轨

从本质上来说，婚外情就是一种回避的行为。所以希望大家知道，男人有婚外情常常都是败局收场。但是，事业低谷期的男人可不会这么认为，他觉得情人是他的救命稻草。

我们辅导过一个案例，男人出轨的对象曾经是KTV的小姐姐。他告诉我们他很欣赏KTV的小姐姐，她们很阳光、很积极、很正向。正常人稍微动一下脑细胞都知道，KTV里的小姐姐积极、正向是本职要求，如果她整天苦瓜脸如何完成任务？自然比较善于吸引客人。

还有一种情况也属于激励型出轨。譬如有一位女性的丈夫，事业垮了，公司里所有人都离开了，只有前台跟着他。于是，前台摇身一变，变成了情人。这位前台情人跟他讲，“我相信你一定能东山再起，你看要我怎么帮你？我可以把我的房子卖掉”。

前台的薪水一个月也就几千块钱，她真的有能力为别人家的男人卖房子吗？她极可能只是用一张嘴激励一下这个男人而已。但这样简单的口头激励，很多妻子却不会。

2. 寄托型出轨

当一个男人事业失利了，就要有寄托。有人寄情于山水，有人寄情于笔墨之间，也有人寄情于兴趣俱乐部。这里有一个很典型的案例，一位女性的丈夫事业失败，就参加了徒步俱乐部。他在徒步的过程中，认识了另一位也喜欢徒步的女人。她的经济条件很差，但喜欢徒步。男人虽然事业失败，但“瘦死的骆驼比马大”，还有一点余钱，两人就时常约着一起去徒步。在这个过程中，两人一起做路线计划，一路上相互鼓励、打气，逐渐变亲密起来，最终发展成了婚外情。

你事业失败，我经济困难，两个失意的人正好抱在一起，取个暖。我经常说，抱团取暖的人一定要带着正能量。如果你们都是负能量，就不是抱团取暖了，你们是抱团传染。这样抱团“传染”出了婚外情，不会有好结果。

从另一个层面来看，妻子也要多关心丈夫，对丈夫要有基本的了解和关心。丈夫事业有问题，陷入低谷，很多妻子都不知道。如果你丈夫事业到低谷了，你没有给他理解、安慰，也没有鼓励、激励他，没有让他意识到新的可能，他很可能会去别人那里寻找寄托。这里我们要强调，就算是安慰丈夫，妻子千万不要对丈夫说“失败了不要紧，回家吧，我养你”这类的话。妻子说这种话很危险，情人这么说很加分，妻子这样说就不行。这是丈夫对两个角色的不同立场和感受所决定的。

关于已婚男人出轨的原因，以上讲了不少。综合来看，可以简要归纳为以下几个方面。

第一，物质上满足度比较低，会出现问题。

第二，生理上满足度比较低，会产生对外界的渴望心理。

第三，心理上满足度比较低，他就会寻找出路，到外面寻找理解、尊重、支持、肯定、激励。

第四，精神上满足度比较低，也容易出问题。夫妻间要玩得来，有一些共同爱好，也要有共同的理想，还能够畅谈未来。不然，他会去找其他志同道合的人。

第五，个体发展受阻，他想要新的天地和生活。

男人在这些方面不满足，他就会试图找到解决方案。只不过他们找的解决方案——出轨是回避问题本身，是到外界寻求支持的力量。对丈夫来说，情人是外界支持他的力量，也是一个参照对象，让他看到自己的存在和价值。

第二章
男人出轨有哪些征兆

第一节　留意这些蛛丝马迹

我时常听到女性朋友这样跟我反映：“我丈夫是一个老实人，老实人怎么能出轨？”“我丈夫忙得不得了，忙得五六年没回家吃过饭，他怎么有空搞婚外情呢？”“我丈夫没有钱，他怎么可能搞婚外情？”

很多女人从来没想过丈夫会出轨，发现丈夫出轨了，她就懊恼万分，哭喊着“我要是早发现他出轨，哪里还会走到今天这个地步？”还有的女性朋友不愿意接受丈夫出轨的事实，男人已经有明显的出轨征兆，仍然不相信，说他绝对不可能出轨，一定要自己印证，还要千方百计地调查。这样的心态于事无补，只会让自己更被动。

正如我们经常说的那样，女人没有发现丈夫出轨，男人却认为你很蠢，认为他自己很聪明。他还会认为你根本就不爱他，不关注他，所以才发现不了他出轨。实际上，正是因为你爱他，你才会百分之百、甚至百分之二百相信他。只有你不太相信他时，你才能够发现他出轨。当你全然相信他时，你不可能发现。

所以女人不要后悔，也不要纠结为什么没早点发现丈夫出轨。在婚姻中，女人要保持几分清醒和理智，这样才不至于被蒙蔽。那么，在哪些方面能够发现丈夫出轨的征兆呢？

一、手机

随着科技的发展，现在人人都有手机。手机把人的距离拉得很近，也让人的关系很容易进入亲密化。两性更容易在一起接触，也更容易擦枪走火。

在我辅导的案例中，有60%～70%的女性都是在丈夫的手机里发现了他的婚外情。其中大多是在微信、支付宝、淘宝里发现的，还有不少是在抖音、微博、全民K歌这些账号里发现的。如果你丈夫注册了像陌陌、探探这类软件，几乎可以百分百确定他就是出轨了。要不然，已婚的男人有什么必要注册陌陌、探探？

二、车里

车里是最容易发现丈夫出轨的地点。有的发现了滋阴壮阳的药，有的发现了一些套套、裤裤，还有的发现了头发、香水，或者靠枕、坐垫、小贴纸这类东西。有一位妻子发现丈夫车里贴着非常可爱的贴纸，车里放手机的架子也很可爱。她感觉不太对，这些东西不是她买的，也不是丈夫平时会用的。后来，她刻意留了心，结果就发现丈夫出轨了。

三、穿戴

丈夫以前穿得很朴素，现在穿的都是奢侈品牌。他以前穿着没有品位，现在穿着上变得很讲究。不喷香水的人，现在身上有好闻的香水味了。他的发型也变了，之前从来不涂发蜡，现在会涂上发蜡打理发型，甚至他的眼镜、皮包也换了……他的穿戴突然发生了变化，这是需要留意的信号。一个男人如果有了婚外情，他就会在外表上发生一些变化。

四、情绪

男人出轨后，情绪会有明显变化。他会变得不正常，要么莫名其妙地开心，没事也傻乐，跟青春期暗恋的小男生一样；要么莫名其妙地冷漠、疏离，对妻子孩子爱理不理的。还有的会变得很暴躁，家里一点小事就让他大发脾气。我们辅导的案例里，出轨男人都或多或少表现出这些反常情绪。还有的男人会出现比较特殊的状况。曾经有个案例，男人有了婚外情后出现了抑郁，因为他出轨七八年，私生子都6岁了，妻子一直没发现他出轨，他内心很痛苦，最后得了抑郁症。

五、钱财

男人出轨后，在花钱这方面也会出现问题，看看你丈夫的淘宝、抖音、京东等这些购物的购买记录，从中可以看出很多眉目。还有两种情况也需要留意，之前他都没有找你要过钱，现在总找你要钱。以前他每个月工资到账后都给你，现在他一个月工资都不够花，这都是在用钱方面出了问题。

关于男人出轨花钱方面，还有令人不可思议的情况，有些男人居然网贷几十万元去养情人，甚至还有人借高利贷，或者借朋友的钱。

六、工作时间

出轨的男人，你会发现他早出晚归，有时候半夜三更才回来；以前他从来不出差，现在总是出差。

七、接电话

丈夫出轨了，他打电话也会出现变化。他以前要是在家里接电话，都是当着妻子的面，现在他会跑到卫生间，或是阳台上接。有时，他居然会在晚上十二点接电话。我们普通人工作，一般不会到了零点还给同事打电话。如果到了半夜还在打电话，肯定有猫腻。

八、孩子

你会发现丈夫对孩子没有耐心，或者不跟孩子互动。孩子也觉得爸爸好像有问题，他说不出来，但是他能感觉到。很多家庭里，最早发现男人出轨的都是孩子，甚至是家中的狗狗，只不过他们不会表达。如果是孩子发现爸爸出轨，很可能会引发孩子的心理问题。

有一个案例就是这样。女儿念七年级时，发现爸爸出轨，就变得不爱说话。后来越来越严重，到八年级下学期就出不了门，得了抑郁症，退学了。后来，妻子也发现丈夫出轨了。她来找我们辅导。她告诉我们关于女儿的问题，还有丈夫出轨的事情。我们将这种情况的专业分析告诉她，她的女儿出了问题，十有八九是因为孩子早就发现爸爸出轨了。因此建议她跟女儿好好沟通一下，并特意强调，跟孩子谈的时候要这么提问："女儿，你是不是发现我丈夫出轨？"但是，很多妈妈就是改不了口，后来我听了她跟女儿聊天的录音，她问的是，"你是不是发现爸爸出轨？"从心理学的角度来看，这样说是错误的。跟孩子谈"爸爸"出轨，会把孩子拉到父母的纷争中，侵害了孩子的界限，让孩子受伤。因此我们才建议她跟孩子谈"我丈夫"，就是要跟孩子做一个心理隔离，避免她卷到父母的事情里。凡是涉及这类情况的家庭需要格外注意。

九、父母

男人平时经常看望父母，有了婚外情后，他看望父母的次数会减少。有个案例就是妻子通过这种情况发现丈夫出轨了。她丈夫一到周末就说去看父母，而且坚持要独自去看，连续半年都是这样。直到有一天，公公婆婆向儿媳妇抱怨儿子好久没去看他们了，问到底是家里有事，还是工作太忙。儿媳妇告诉他们，这半年来，每个周末丈夫都说去看他们。这一下就让丈夫撒谎的问题暴露出来了。

十、互动

丈夫出轨后，他跟妻子在互动上也会出问题，包括他跟妻子在一起时的睡姿、夫妻运动的姿势、两个人的距离，以前两个人会牵手，有时候会亲吻，现在都没有了。

十一、人际关系

男人在没有婚外情之前，他的人际关系正常。一旦有了婚外情，他的圈子会缩小。以前，他跟朋友出去会带着妻子，现在他却常常是一个人出去，朋友之间的交往也减少了。

第二节　出轨的危险信号

从上面讲的11个方面，我们会发现男人出轨的蛛丝马迹。为应对男人出轨，我们还要进行深入讨论和具体阶段的分析，这样才能够拿出更好的解决方案。

一、男人出轨的五个时期

下面我们介绍婚姻中的五个时期，丈夫容易出轨时的征兆。

1. 孕产期

妻子在孕产期时，尤其是长时间没有夫妻运动的情况下，男人很容易出轨。

2. 孩子上幼儿园、小学、初中的时间期

根据我们所掌握的案例的统计结果表明，孩子读小学时，出轨占到60%以上，这也跟七年之痒有关系。其实这个时期是妻子承受压力最大的人生阶段。身为丈夫要有基本的人性。

3. 升职的时候

男人升职、事业上升的时候，出轨的概率较大。特别是有一类男人，他以前收入低，月薪也就三四千块钱，现在变成年薪三四百万元，那他非常有可能会出轨。

我们辅导过很多这样的案例，其中一对夫妻两人是高中同学。丈夫学习成绩不好，工作也不理想。两人恋爱时，女方的收入比男方高，后来男方通过自己的勤奋努力，年收入几百万元。事业成功后，他就出轨了。还有一个案例，男方是离异人士，与女方再婚时还负债300多万元。等到他们结婚第五年，男人挣了几亿元，就出轨了。

4. 他事业处在低谷的时候

男人在事业上遭遇了重大挫折的时候，他的内心是很脆弱的。如果这时候妻子忽略了他，没有及时关心他、支持他，他很容易会去外面寻找安慰。很多案例都是这样，男人失意了，可能妻子太强势，没办法给他安慰，也可能妻子冷落疏忽了他，结果他就出轨了。

5. 出现重大事件

家庭里出现了重大事件，比如家里有重要的人去世，或者有经济矛盾，或者有其他的突发事件，让男人遭受了很大的心理冲击，这往往都是丈夫容易出轨的时候。

我们要注意以上这五个最容易出轨的时期。但平时也要防患于未然，婚姻中出了问题要及时解决，特别是以下这些问题，否则很容易导致婚外情。

（1）夫妻之间经常吵架多次，矛盾重重

譬如家里产生了婆媳矛盾，妻子去向丈夫抱怨："你看看你妈这个德性，一点都不讲卫生。你看看，你妈又来管我，你要不要去说一下她？"男人说："你怎么这样说我妈？你让我怎么说？我说不了。"女人呛回去："说不了，就不过了。"

这是婚姻中最为典型的一类吵架。还有的是为了日常生活习惯而吵架，女人冲男人嚷嚷："跟你说了多少回，臭袜子不要扔得到处都是。"男人却向妻子抱怨："我跟你说了多少回，做菜不要放辣椒，不要放辣椒！"这些争吵多了，他积累了情绪压力，在你这里解决不了，他就可能到别人那里解决了。

（2）夫妻生活不满意

曾经有一个案例，夫妻二人结婚一年半了才第一次完成夫妻运动。而在这期间男人出轨了。也有女性朋友跟我说，她丈夫总是嫌她像条死鱼一样，他觉得不满足、不尽兴。他想要一些动作、一些姿势，但她不愿意，就拒绝了。还有的女性结婚七八年，有四五年时间一直拒绝丈夫的请求。她说自己太累了，要带孩子，又要做家务，还要上班，累得没心情。

（3）工作太忙，有压力

丈夫在忙事业的时候，你还提影响他精力的各种要求，譬如一会儿是他妈的问题，一会儿又是孩子的问题。而男人在这个时候又累又烦躁，他最渴望乖巧听话的女人，最渴望能帮助他、理解他，可以帮他放松的人。为了逃避压力，他会去别处放松，如去洗脚城、KTV等。他还很可能找那些比较弱势的女人，寻求温暖。

（4）事业陷入低谷

这个时候的男人压力非常大，心情很烦躁，有很强的失落感。他最需要的是支持和理解，如果妻子忽略了这一点，那么他就很容易出轨了。

大量的出轨都是因为夫妻关系、家庭关系出了问题，还有的因为男人的创伤问题没解决。及时解决婚姻中夫妻之间的矛盾冲突，缓解男人的现实压力，以及在夫妻生活中男人的满足感等，丈夫出轨的可能性会大幅度降低，至少下降80%~90%。因为那种天生就爱出轨的男人，从概率上来看，只有5%左右。

二、出轨中有哪些症状

男人在出轨的时候，会出现很多症状。如果你留意到他有了以下这些表现，那很可能是出了问题。

1. 吵架变成回避。以前丈夫跟妻子吵架都是叮叮咣咣的，现在他却懒得吵了

你们两个人的吵架方式变成了纠缠不清，有矛盾要么是回避，要么是冷漠，甚至他甩门而出，直接跟你说不回来了，开始夜不归宿。

2. 以前你们俩人关系挺好，什么都听你的，现在他变得烦躁了，很容易跟你起冲突、争吵，甚至变得什么都要跟你怼起来

大家要注意，如果你们吵架出现了跟以前不一样的地方，那必然有情况。当然，他也有可能产生抑郁。这个时候妻子要马上理智地跟他谈这件事，十有八九他就有出轨的问题。如果你无所谓拖着不处理，那就麻烦了。

3. 夫妻性生活变少了

可以说，有90%出轨的男人跟妻子的性生活会减少，他跟妻子的关系变得疏远，他会觉得跟妻子做这件事情压力很大。这其中有好几种可能：一是他觉得背叛了妻子，自己还跟妻子亲热说不过去。二是情人会要求他忠诚。三是他觉得妻子不好，他会自然而然地对妻子产生排斥。这是最明显的症状，如果遇到这样的情况，一定要及时解决。

4. 他回家的时间会发生变化

他回家更晚了，甚至回家的次数更少了。他回家之后变得烦躁不安，就是人回来了，心没回来。他不像以前回到家里很放松、很开心。这时他回到家里情绪明显很低落，板着脸像个大爷，什么活也不干。可能他以前在家里会做家务，现在他都不做了。以前他会回应妻子的问候，会答应说：“回来了，今天有什么好吃的？”现在回来了就不吭声，或者说：“我累死了，我烦死了，别理我。”

5. 他的手机不离身、不离手

这种情况下他会出现一些奇怪的现象，譬如回复微信等消息很快，还会看着手机莫名其妙地笑，甚至又会出现那种邪恶的笑。尤其是那些四五十岁的男人，他们把手机调成了震动或者静音，而他的手机经常不断地蹦出信息。他还会拿着手机上卫生间。这些都是很多出轨男人的症状。

6. 他对待孩子会出现变化

这种情况下，他常常与孩子之间的关系变得更加紧张。他没耐心对待孩子，孩子又不知道原因，会对他产生说不出来的敌意。父女、父子之间都可能会出现这样的状况。我们有一个来访者，她的儿子经常会给爸爸打电话“爸爸，你几点回来？你怎么还不回来？你都好多天没带我出去玩了。”但父亲回家后，父子之间却会吵架。

7. 他的外表会发生明显的变化

这点在五六十岁的男人身上表现最为明显，他从来都不锻炼身体，现在却开始锻炼肌肉、跑步了，以前从来都不减肥，现在要减肥。还有一些男人会植发，他觉得自己头顶秃了，想变帅。

8. 对妻子的反应会变得迟钝

譬如妻子问丈夫一句“今天晚上想吃什么？”他不回应。或者向他提建议“咱们去看看你妈妈吧？”他没回应。有时候，他会变得很敏感，妻子拉他手一下，他马上就拿开。晚上，妻子想要靠一下他，他马上把妻子推开。

如果你发现了以上这些症状，妻子要直接对丈夫说："我发现你的状况不对，你现在的状况就像出轨的状况。"他当然会说他没有出轨。不管他有没有，你可以直接告诉他："你的这些状况就是出轨的状态，现在你还没有暴露出来，你趁早收手，否则我会盯着的。"

也许你会担心，他会不会变成地下工作者呢？有可能。但是你要知道，一旦你开始注意他，他就不会那么自在了。你只要挑明了这些事情，他就会很紧张，他在情人那边也会紧张。

在这种状况下，如果丈夫出去，你就要向他说："你说你没有出轨，那你去的时候，你记住，你去跟情人说分手。你们两个人见面的时候，你就想一想你在分手。你们两个人在亲热的时候，你就想一想，我会打电话过来。"

你只要这么多说几次，他就会觉得出轨变得索然无味，心里那种激情就会逐渐消失。我们作辅导的时候，会根据来访者婚姻的状况、男人的心理特点，教妻子怎么说、怎么做，这样更容易及时有效地治理婚外情。

三、出轨被发现之后，会有哪些症状

1. 冷战

男人出轨被发现之后，虽然他一般不肯承认，但是他的态度会有变化。被发现之前，他跟你的关系可能还保持着正常的状态，被发现后，他会进入跟你冷战的状态。从前他还跟你有说有笑，现在干脆不跟你说笑了，这说明他百分之百出轨了。

2. 吵得更凶

你发现他出轨了，他可能会跟你吵得更凶，甚至还会逼你离婚。

他会喊："我跟你过不下去了，我跟你三观不一致。"讲一个很有代表性的案例，妻子发现男人出轨了，就质问丈夫，"你承认不承认，你有婚外情？"男人一开始时就很凶，极力否认，"我告诉你，没有就是没有"，还把水杯砸到地上，喊着"我就是没有，全都是你污蔑我。你就是不想让我好好过，你看我的事业好了，你就要毁了我的事业，坏掉我的名声。我要跟你离婚……"一口气说了一堆。吵完紧接着就是冷战，不理她，饭也不吃。他还拉黑了妻子的微信和电话，电话打不进去、发短信不回。出现这样的状况，就说明他是出轨了。

3. 又哭又闹

还可能会出现另外一种情况，男人会跟你哭诉，"我好不容易有了今天，你诬陷我，说我出轨了，我还怎么做人？"一个大男人又哭又闹，对着妻子喊，"我要告诉你妈"，然后真的跑过去跟丈母娘讲，"你女儿不相信我，诬陷我"。还找自己的父母去说"我不要这个妻子了""我不能忍受这样的妻子，我要离婚"。

这种情况下，你要跟他怎么沟通呢？你要坚定地告诉他："你这些状况就表示你出轨了。你闹得越凶，越说明你出轨了。你想用这样的方式来控制我、遏制我，让我拿你没办法，让我退却。"

四、他虽然说与情人分手了，但实际上还在出轨，会出现哪些症状

我们还会遇到这样的情况，丈夫说跟情人分手了，但实际上还在出轨。怎么判断他是真分手，还是在撒谎呢？如果他有以下这些表现，说明他们一定没有分手。

1. 他只说不联系，不提分手

他永远告诉你，"我跟她没联系了，我跟她断了"。但他就是不提分手两个字。分手跟没有联系，这是两个概念。

如果男人没提分手，那他就只是不跟情人联系了，其实心里还有

她，并不想分手。不联系只是因为妻子逼得紧，他怕再被发现了后事态会不可收拾。他很可能会跟情人说暂时先别联系，家里看得紧。

2. 不能再提婚外情，或者情人

“我就告诉你一次，说了之后别再说了，不要提她，我不可能见她了。”如果他是这样的口吻，那说明他没有结束婚外情。作为妻子，你不去见他的情人，他们的婚外情就不容易结束。因为她不知道真正的状况，他对情人说的话和跟你说的话，完全不一样。出轨的男人就像一个“鬼”，说的都是连哄带骗的鬼话。他一边要骗情人，一边要哄你这个妻子。

3. 夫妻生活少，身体僵硬

还有这种情况，夫妻之间生活很少，甚至你们之间不能同房。他身体逐渐僵硬，跟你睡觉还拉开距离，甚至他跟你分床，还要分居。这些表现说明他们没有真正分手，他还在那个地方纠缠。

4. 情绪低落或烦躁

他情绪低落或者烦躁不安，回到家里像丢了半条命，会说“我抑郁了”，你还以为他真的抑郁了。他可不是抑郁，他是觉得与情人分开很痛苦，觉得没有她在身边，他可怎么办？这时候即便他情绪低落，你还是要跟他“开战”。只有你跟他开战，才能让他知道这件事情不是任由他掌控的。否则，他就会用情绪低落、抑郁这些方式博取你的关注和同情，这样你又会迁就他了。

有些辅导机构教妻子去顺从丈夫。你也照做了，哄得他很开心，但是你做这些通通都没有用。他在压抑自己，他心里还有她，想去见她，被你压得见不了，很痛苦。你以为能转移他的注意力，除非你换一个“小四”给他。你要知道，你就是老婆，着重在“老”字，你是老人，而他想着新人。

5. 提离婚

他有时候还会跟你提离婚，还会跟你说："我们过不下去了，我想了想，我们还是离吧，未来我们还是过不好。"其实这也说明他还没有分手。

6. 不太肯出门

他就想窝在家里，哪里也不想去，这就是他有问题。因为他烦躁难安，不愿意跟你交流、互动。

7. 他的手机还在加密，手机聊天都是空的

他告诉你"已经删了她"，聊天记录都是空的。结果，他又用小号把情人加回来了，情人也配合他使用小号。

如果情人发了抖音，他有时候还会点赞。或者他点一下赞，又把它取消了，这是出于伪装、消除痕迹等复杂的心理状态。但凡你发现丈夫对情人还点赞，说明他们百分百就没有分手。

8. 他说跟情人做朋友

他跟你说："还是跟情人做朋友，她很可怜，我们也要帮一帮她。"这说明他根本没有分手。

9. 拒绝发朋友圈

他会拒绝发朋友圈。比如丈夫过生日，妻子发了朋友圈，丈夫就为这事大吵，他冲妻子喊："你干嘛要发朋友圈，你就是要刺激她，跟她示威吗？你就不能安静点，不理睬她吗？"很明显，他们还在继续婚外情。他们没分手，他还在保护情人。

第三章
男人出轨为什么不愿承认

第一节　他为什么不愿意承认

很多妻子遇到丈夫出轨，非要揪着丈夫让他亲口承认，“你到底有没有出轨？”“你到底有没有做过对不起我的事情？”她会一再逼问，一定要让他承认。那么，他承认了之后呢？

“你承认出轨就行了。只要你改，跟她分手，回到家里来，这件事情我可以原谅你，咱们就翻篇了。”你是想要这样吗？但事实说明，如果你只要他承认就翻篇，你丈夫肯定会很快再次出轨。你这样做是非常糟糕的。

还有一种做法也很糟糕。你偏要他承认，要他认错，写保证书，保证再也不会犯错，要他把财产给你，还要他带你去见他的情人等。你都已经知道他有了婚外情，你还要他做这些事情，他肯定不敢承认了。

退一步说，他痛快承认了，也会有问题。他承认了，你就能接受事实吗？你可能会说，“你就不能跟我说假话吗？你就告诉我没有出轨就行了，只要你说没有出轨，回到家里来跟我好好过日子。这样也保护了我，让我心里好受一点，你为什么要承认呢？”

好了，这下你丈夫承认也不是，不承认也不是，你把他逼得没办法了。丈夫明明出轨，为什么他不会承认呢？其实这取决于你。丈夫会不会承认，取决于你的动机是什么，你日常的行为模式是什么。基于这些，他才能决定他要不要承认。

如果你平时是一个得理不饶人的人，他就会不敢承认。为了一件小问题，你总是斤斤计较，譬如他向你道歉“我错了”，你紧接着就追问“你错在哪里？你改不改？你改得不到位怎么办？”这样的话，他就不敢承认了。

如果你过去就是一个怂包，他会认为没有必要跟你承认。他会觉得承认了或不承认都一样，为什么要承认？

相反，如果你是一个温和但有力量的人，他很可能就会承认。因为他知道，承认了问题不大，不承认反而过不了关。

你想知道丈夫承不承认，先问问自己是不是值得他承认。如果不值得，就没有必要让他承认。这里用一个案例来说明。

小贝偶然从丈夫的手机里发现他出轨了，那一刻气得浑身都哆嗦。她本想收集手机里的证据，但因为太气愤，也没能保存下来。当晚她强忍着没有发火，第二天，她旁敲侧击地问丈夫：“你看你现在真是春风得意，事业蒸蒸日上，你会不会抛弃我？会不会有别的女人呢？”

她丈夫回答：“怎么可能呢？怎么会换呢？我爱你一辈子，你是我最好的妻子，没有你也没有我的今天。”小贝听了这话，心里美滋滋的。实际上她丈夫这边刚说完甜言蜜语，转身马上就去找情人了。

男人不是用嘴说“爱”，而是用行动、用身体说“爱”。

小贝发现两人约会后，怒火中烧，直接去质问丈夫：“你是不是外面有女人了？”她丈夫极力否认：“你听谁说的？你这是捕风捉影、无中生有，你不想好好过日子是吧？再说我不可能在外面有人，我这个样子谁会瞧得上？”一连串珠炮把小贝堵得半天开不了口，她被逼无奈，直接脱口说出，“你跟那个××有婚外情！”听了这话，她丈夫当场就发脾气，跟她嚷嚷：“你不要造谣，你不要看到我事业做好了就胡思乱想，你就是见不得我好。”接着扯出了一堆陈年旧账，还骂小贝是作死，骂她不是一个好妻子。最后扔下一句，“我不跟你过了，离婚吧”。

本来是他出轨，结果还推说是小贝有问题，还是提出要离婚。

小贝后来找我们做咨询，我们用挽救婚姻的五个标准进行了评估，通过分析，我认为她完全没必要离婚，他们的婚姻在很多方面都很好。我们建议，她应当直接向丈夫“宣战”，告诉丈夫“你就是有婚外情，你这样虚张声势就是想要控制住我，让我拿你没办法。对不起，你的这些套路，我清楚”。

随后，小贝开始正面应对婚外情，这个过程剧情不断加码，都可以拍成电视剧了。她丈夫闹过离家出走，写过离婚协议书，闹过分房睡，也闹过酒疯，把家里的东西砸得稀巴烂，还跑去办公室里过夜。该闹的都闹过了，但是我们坚决不后退，一直按住他的要害，最终他承认了婚外情。

处理这样的案例就像是一场战斗，经历了枪林弹雨的考验。从大量的个案中，我们摸索出了一些规律，男人出轨了不承认，他的心理大致可以归为以下几类。

一、他不承认，是他自认为保护得很好，做得非常隐秘

你明明一眼就看出来他出轨了。但在你丈夫眼里，他自认为地下工作做得很好，非常隐秘，他不会承认出轨。他回到家里，手机上的通话记录、信息，还有微信聊天记录全都删掉了。他到外面开房，拿的也是别人的身份证，没有个人信息记录。怎么会轻易承认出轨？

二、你没有过硬的证据，只是觉得他可疑

有一类男人理不直，气也壮。他会觉得你没有过硬的证据，凭什么说他出轨？他还会耍赖，说就算你有过硬的证据，那又怎样，那能说明什么，你又没有抓现形。即便你抓了个现形，他还会耍赖说，你没有抓到他上床。有些人就是这样的强盗逻辑，完全不讲道理。

有一个非常经典的案例，这个男人的表现让我们都觉得难以理解。一位咨询者的丈夫出轨了，死活不愿意承认。这位女性朋友非要亲手抓证据，我怎么劝说她都不听。后来，她带着弟弟把她丈夫和情人堵在酒店的房间里。当时他们两人赤裸裸地躺在床上，这下总该承认了吧。

然而，她丈夫还坚持狡辩：“我承认什么？我跟她在这里开会，我们休息一下”。

“你们两个人全身光着的，这是开会吗？”

“我们研究一下身体结构，不可以吗？好奇心看一下，不可以吗？”

听到这样的混账话，你能冷静吗？这位妻子当场气得要吐血，一时间没控制住自己，她和弟弟把这两人打了一顿。后来闹到报了警，她和弟弟被抓，也被拘留了。

讲这个案例，也是想提醒女性朋友们，关于调查找证据要认真考虑好。因为就算你查出了如山铁证，对于实际解决问题的作用是什么？还把自己气得要死，做出冲动的行为，弊大于利。

三、他怕你逼着他跟情人分手

他觉得只要自己咬死不承认，妻子就没办法逼他与情人分手。甚至有的人还会跟妻子说“你再闹，我跟你离婚”，他想用这种方式吓唬、威胁妻子，以达到可以继续和情人在一起的目的。

四、他想保护自己和情人

很多男人害怕承认出轨了，妻子会把自己出轨的事情公开闹大，或者去找情人的麻烦。为了顾全自己和情人，他会死不承认。

五、他不想失去婚姻，怕承认了妻子要离婚

他想保住婚姻，也想出轨后还能回归家庭。他担心向妻子坦白后，妻子会无法接受，要跟他离婚。

除了以上原因，这些男人之所以不愿意承认，还有一层心理动机，他们想用这种策略达到三个目的。

第一，他不承认，可以让妻子在证据这点上纠缠，就可以把妻子引到“我就是让你承认”上，引到证据上面。他想让妻子去找证据，一直纠缠在婚外情的表面上。这样妻子就没办法发现问题的根本，深入去瓦解他的婚外情，让他分手。

第二，他可以继续婚外情。他把妻子困在怀疑、找证据这一步，让妻子烦躁不安，拿他没办法。妻子如果跟他争吵，他还可以用离婚来威胁妻子，以便于他继续婚外情。

第三，他可以把所有的责任推给妻子。妻子拿出轨的事情跟他争吵，他就可以狡辩“现在的一切都是你造成的，我想好好过日子，你不想好好过，天天在闹”。就算他之后承认了，他还可以跟父母、亲友说，都是因为妻子的胡搅蛮缠，才导致他出轨。

既然他打死也不承认出轨，你就把他“打死”。这时候妻子出拳一定要狠，彻底毁掉婚外情的土壤。大家要记住下面两点。

第一，你要跟他“开战”，不需要理由。你跟他“开战”，不用跟他客气，就可以直说，“我想要跟你开战，我想要找理由，还不是随便找吗？”

第二，你跟他“开战”，不需要证据。如果你发现老公出轨，他不仅不承认，还反问你要证据。你就告诉他“你是不是要证据？你要证据，我绝对给你找出来。前提是你给我写一份承诺书，承诺同意让我调查你出轨的证据，同时把你写的授权书给我，然后我去调查证据，你敢不敢签字？”

女人遇到丈夫出轨，不要一味陷入情绪里，更不要因此否定、怀疑自己。我们要坚定地保卫自己的权利，让丈夫付出相应的代价。要让他每次想起出轨，心里都会隐隐作痛，这样他才会知道自己不能乱来，才会认识到，如果他还想要保住婚姻，就必须结束婚外情。

第二节　哪种男人会拒不承认

什么样的男人会不承认出轨呢？据我们观察，不承认出轨的男人往往有五个共同特征。

一、这个男人在家里占主导地位，势能高

他是家里的经济主导，在家里的地位很高，势能很高。妻子一直都是他的附属，或者妻子一直属于弱势。这种男人最不容易承认出轨。

二、男人在自卑中生长，自卑变成了自负

这类男人性格很自卑，同时又带着自负。他们总是认为，我怎么能承认出轨？如果承认了出轨，就是承认婚姻失败，承认自己失控犯错了。他的自负不允许他承认。

三、男人平时过分隐忍，遇到冲突，也会暴躁

有一些男人是双重性格。他会隐忍，平时不会爆发，大部分时间，你会发现丈夫脾气还蛮好。但是，这不是他脾气好，是他在忍耐。其实，他也会暴躁，有冲突的时候，也会爆发。他之所以会脾气暴躁，可能也是因为他在经济上占主导地位。

四、回避问题，回避冲突

男人在很多时候，都会回避问题、回避矛盾。家里出现了矛盾冲突，他也回避，不愿意去面对，去处理。这种男人在单位里往往也是一个老好人，不擅长处理问题。

五、偏执，以自我为中心

这类男人完全以自我为中心，认为自己想怎么样就怎么样。他会觉得婚外情就是他自己的事情，跟其他人没什么关系，他为什么要承认？他还会理所当然地认为，婚外情不会对他人造成伤害，没什么要紧，为什么要逼着他承认？

从人格层面来看，其实这种人有人格障碍，属于偏执型，或者边缘型。这类人根本体会不到别人的感受和痛苦。在他们的信念里，婚外情是个人的事情，根本就不需要向妻子交代。

对于丈夫出轨家庭的妻子们可以比对一下，你们丈夫出轨不肯承认，是不是有这些特征？应对这种男人，你们需要做到这几点：要保持跟他平起平坐的状态，不要受他的压制；要让他意识到婚外情是两个人的事情，回避解决不了问题；如果他逃避，你就一直追究。在处理过程当中，一定要让他看到你的力量和坚持，否则，你没办法处理。

此外，处理这个问题，一定要根据自身情况去处理。要清楚你丈夫是怎样的人，才能有的放矢。针对不同的人，解决方法也不一样。

第三节　不愿承认的心态和顾虑

男人出轨拒绝承认，到底是出于什么心态呢？有的人出于利益考量，有的人纠缠于情感，还有人因为不知所措，只是一味逃避。出轨的男人，他们在否认的背后有重重顾虑，也不缺少谋划算计。根据分析，他们死不承认的心理动机可以归结为以下九个方面。

一、不承认可以更快离婚

有些男人认为不承认就可以更快地离婚，这是他们想要离婚打的小算盘。他们觉得自己不承认，就不能算是过错方，可以起诉离婚。他就起诉离婚，一次不行，就两次、三次，这样一到两年就能离婚。

这些男人把算盘打错了，他片面以为只要自己死不承认就能够让妻子绝望。然而，事实截然相反，男人越不承认，妻子越会纠缠，最终让离婚成了一场漫长的拉锯战。

二、不承认可以保住财产

很多男人误认为承认了婚外情，会导致净身出户，如果自己不承认婚外情，就可以保障自己的权益。其实，他承认了婚外情，作为过错方离婚，一般情况下，过错方赔偿的精神损失费不超过3万元，可以说在法律上，出轨成本非常低。婚姻法只是规定离婚时过错方可以少分财产。至于到底少分多少完全取决于你的收入等个人情况。一些男人觉得自己不承认，就能分到更多财产，纯属无知。

三、不承认就不用面对婚姻危机，可以控制整个局面

有的男人喜欢自欺欺人。他觉得不承认出轨，妻子也没拿出证据，就只是怀疑他，没办法给他定罪。面对妻子的质问，他可以推得一干二净，自己没事，都是妻子胡思乱想。只要不承认，就可以回避问题，一直徘徊在婚姻危机的边缘，而不用进入矛盾中心。不承认就不用面对问题，这是很多男人的想法。

四、不承认就不会打扰婚外情

还有一些男人认为，不承认就不会妨碍自己继续婚外情，也不会打扰到情人，可以保护好她。实际上并不见得如此。我们想提醒那些已婚男人的情人们，你们可以选择生活在已婚男人制造的爱情蜜罐里，但是这个蜜罐里犹如加了毒药，你们待在里面无异于饮鸩止渴。你们要牢记，已婚男人把你捂得严严实实的，实际上是在伤害你，不是保护你。只有让你从暗处走出来，让你见了光，你才有机会成为他的合法伴侣。即便不能如愿，你也能借机看清这个男人真正的模样。否则，你很可能一生都被蒙蔽。有的男人口口声声跟情人诉苦，说自己婚姻不幸，他要跟妻子离婚，但是老婆不愿意。实际上，他这边可以跟你缠缠绵绵，转过头，回到家里又可以享受“老婆孩子热炕头”。所以，你们一定要知道，你想和已婚男在一起，最好还是要公开。

五、不承认，是因为他没打算用婚外情替代婚姻

男人死活不承认，还有一种情况，是他根本就没想要为婚外情而离婚。你说他装糊涂，其实他心里跟明镜似的。他不想离婚，或者他觉得还没到离婚的时机，这样男人就不会承认出轨。我们办理的一个案例里的这个男人说“我没觉得婚外情到了让自己的婚姻崩裂的地步。我也不

想为婚外情结束婚姻”。

六、他没有想好怎么应对婚姻危机、怎么面对妻子

有的男人没想好怎么应对婚外情带来的冲击，他不知道妻子会有怎样的反应，也不知道直面婚姻危机的后果。担心承认出轨有太多的不确定性。因此他六神无主，认为最好的解决办法就是不承认。这是很多出轨男人的基本心理状况。

七、自己不承认，一旦跟情人分手了，还可以很轻快地回归家庭

这种男人很会演戏，会表演一些温情的假象。他回到家里会做家务、会照顾孩子。他挣的钱都给妻子，吃完饭牵着妻子的手散步，晚上还跟妻子同房。表面看上去一切多美好。这头他把妻子安抚好了，那头又可以搞婚外情，他认为不承认出轨，就可以蒙混过关，不用承受惩罚。要是与情人分手，回归家庭就没有风险。

八、他觉得婚外情完全是他私人的事情，跟其他人没有任何关系

“虽然我有婚外情，但完全不影响家庭，也没影响与妻子的关系。该给的钱，都给了，回到家里，我还开开心心的。不提出轨，我们夫妻关系就蛮好的。”

这类男人常常会这么想，他认为婚外情是他个人的事情，跟家里人没有关系。他可以单方面处理好，没必要跟自己妻子承认出轨。

九、我都没有想要离婚，为什么要承认婚外情？如果承认了，到时候闹离婚怎么办

在一些男人看来，婚外情不是一件什么了不得的事情，是很普通的一件小事。他出轨，无非是犯了天下男人都会犯的错。他不会因婚外情离婚，也不希望妻子因为这个提出离婚，因此他就不承认自己有婚外情。

与出轨男人沟通婚外情的问题，只有你了解了他为什么不愿意承认的原因，你说的话才能真正戳到他心里面。如果你不能击中他心里的痛处，他根本就不愿意跟你谈，或者不清楚为什么必须要跟你谈。要让男人放下防备，坦白沟通婚外情。一方面你要了解他的心理活动，另一方面也要明白他的顾虑。

婚外情是三人行的危险游戏，男人在两头拉扯，他也会犯难，会顾虑很多。承认出轨，就意味着要在婚外情和婚姻中二选一，一个是旧爱，一个是新欢，你让男人怎么选？他太痛苦了、太难选了。

他害怕自己承认了婚外情之后，他不知道妻子会怎么对他，他又担心又恐惧。他担心承认了婚外情，婚姻就完蛋了，事业也会受影响。他会顾忌到孩子、房子、车子很多方面的问题，离婚怎么能行？

他还会考虑到如果自己承认了，今后回归家庭，日子该怎么过。他担心妻子天天跟他闹，让自己颜面尽失。更怕妻子会踩在他头上，之后他都要听命于她。还有一点，有的男人两边都不想伤害。他觉得自己承认了，会伤害妻子，也会伤害到情人，还会伤害自己。一旦承认，三个人都没有好日子过，就连孩子也没有好日子过，他于心不忍。

男人出轨却不承认，是因为他会有这些方面的担心。如果你可以打消他的顾虑，就更容易跟他沟通了。假如你完全不懂丈夫到底在想什么，在害怕、担心什么，你怎么跟丈夫沟通交流？怎么可以让他坦白承认自己出轨了呢？

第四节　如何解决不承认的僵局

男人不承认出轨要怎么解决？我们建议的解决方案是进行夫妻会谈。夫妻会谈需要反复多次进行，一点点推进，不强求一蹴而就。这一点希望大家记住。

我们把第一次夫妻关于出轨问题的会谈称作“框架性会谈”。如果你打算进行第一次会谈，你要跟他谈下列事项。

一、列出婚外情症状

你需要客观地把目前婚姻里的问题症状列举出来。像夫妻之间没有沟通交流，没有夫妻生活，他改了手机密码，钱也不拿回家里，行为举止反常，如还一会儿鬼鬼祟祟的，一会儿又莫名其妙偷着乐……你把他这些症状一一列举出来，实际上很有好处。在会谈时你要告诉他，这些症状表露出来了，不管他承不承认，其实就是婚外情。你还要态度坚定地追问他，“非要我去找证据吗，累不累？”“我找到证据了，你就会承认吗？”“既然你说没有出轨，那就好好过日子。在家不好好过日子，是想要离婚吗？”

二、跟他谈，他不承认，是害怕什么，担心什么

谈话的时候，你可以说并不是非要逼他承认，也理解他的害怕和担心。你要把自己的这些想法告诉他，也要告诉他，你愿意协助他，一起处理好问题。

1. 表达你的感受

你要非常明确地告诉他，你有婚外情，我凭女人的直觉已经知道

了，这是一次创伤。你不承认，让我纠结你到底有没有婚外情，是对我造成了二次创伤。

千万别以为这些话你一说出来，他就会马上改变。你如果真的这么想，那就错了。一个人有婚外情的时候，他不会照顾家里，除非他本身就是很会照顾家里的人。婚外情最特殊的一点，就是男人和情人的关系长期处于爱情的激情状态。在这种激情状态下，他很容易有独占性。他只会管一边，不可能顾及两边。

你可以这样表达自己的感受“你这样让我非常伤心。你死活不肯承认，让我一直跟你纠缠在婚姻危机的表层上。但是，你的态度也让我放心了一点点。你不肯承认，就意味着你不想要离婚，意味着婚外情没有替代我们的婚姻”。

2. 你要跟他谈继续婚外情的危害

婚外情存在一天，就危害婚姻一天。继续婚外情，到底有哪些危害？你要明明白白地跟他说清楚。

（1）夫妻关系在疏远

婚外情常常都意味着夫妻关系的疏远。当然，有的人可能会说：“哎呀！他有婚外情，但他还是两边都照顾。”一般来说，那不叫婚外情，而叫婚外性。他在外面找了个女人，游戏一下而已，根本没上心。这种人比有婚外情的人更可怕。因为他很有可能这里找一个，那里找一个。大多数情况下，一个男人有了婚外情后，他很难兼顾两边。那些能做到两边兼顾的人很可怕，他没有感情，就是玩弄女性。

（2）夫妻之间争吵不断

你要告诉他，他现在有婚外情，你们之间吵架更厉害了。他是不是两头都不安心？他有没有担心过会离婚？因为他要担心很多事情，没办法安心跟情人在一起，在家也不安生，里外不是人。

（3）婚姻走向离婚的边缘

你还要坚定地告诉他："继续婚外情，我们的婚姻肯定会走向离婚的边缘，甚至可能会直接导致离婚。"

3. 跟他谈，你们可以选择离婚

离婚这件事，其实是一个选项。你可以告诉他，婚可以结，也可以离。他不肯承认婚外情，是不是担心自己不会跟他离婚，告诉他不用担心这个问题。

丈夫不承认婚外情，面对这个问题的时候，你要知道他承不承认，跟你们的日常互动有关系；他承不承认，也跟你是不是明明白白地发现了婚外情有关；他承不承认，还跟他自身对婚外情的认知有关；他承不承认婚外情，也与他自己的心理需要有关。男人面对婚外情的时候，会有很多焦虑，你能不能处理好他的焦虑？只有解决了他的焦虑，你才能够真正去应对这个男人，解决好婚外情的问题。

出轨男人的怕和爱

第四章 出轨男人的恐惧

第一节 出轨时，他最怕什么

遇到丈夫出轨，很多妻子会纠结要不要挑明这件事情？还有很多妻子想知道出轨的男人到底怕什么？以为如果知道他的弱点，就可以好好治他了。很多女性朋友会猜测，他出轨了，肯定是怕自己媳妇一哭二闹三上吊；怕媳妇跟自己的领导、父母告发出轨的事情；怕妻子不带孩子、离家出走、动手打情人；还怕妻子提离婚、把家里面的钱财都卷走……

事实果然如此吗？从我们辅导的案例来看，男人出轨的时候，他最害怕的事情有以下这些：

一、怕报复性消费

之前我们辅导过一位来访者，她丈夫特别节约，甚至可以称之为吝啬。别人视金钱为粪土，他视金钱如生命。所以，当她知道丈夫出轨了，就疯狂花钱，心想既然你心疼花钱，我就偏把钱都花了。每一次发现丈夫出轨，她就去刷卡购物，一刷就是十几万。她觉得这样可以让丈夫疼得心肝儿颤，赌气把家里100多万元的积蓄统统都刷光了。报复花钱一时爽，但是之后呢？

把家里的钱都花光了，以后的日子怎么办？就算你的丈夫是个吝啬鬼，我们也不建议大家采用这种方式报复。

二、怕闹腾

有位来访者知道丈夫怕闹腾，就直接冲到丈夫单位。她丈夫就职于一家国企，是隶属于大集团下面的分公司。当时分公司要竞聘总经理，她丈夫刚好在争取这个职位。因为她这一闹，本来她丈夫是一号选手，最终直接落选了。她丈夫气得说："得了，我跟你离婚"。

一家知名的网络公司的某先生的遭遇也很相似。作为公司重要的合伙人，他如果出了丑闻，会直接影响到公司的股票价格。他夫人拿他会害怕自己公开他出轨的事情威胁他，就在微博上公开喊话"某小姐，不要再缠着我丈夫了"。直接把家庭矛盾公开化了。结果，某小姐的淘宝、天猫店铺的入驻、活动、引流、交易等都接受了全面的内、外部调查。虽然调查结果与某先生无关，但是某小姐的上市公司的股价持续下跌，市值蒸发了好几亿元，某先生也受到了巨大的冲击。这样的案例说明，尽管丈夫怕闹腾，但是利用这种心理来处理问题要慎重，要采取合适的方式。

三、怕失去儿子

有位来访者说她丈夫一直想要二胎，想要儿子。当时她已经怀有身孕，并且检查出来怀的就是男孩。因为发现丈夫出轨，她就要挟丈夫说："你出轨，我就打胎。"听了这话，她丈夫赶紧下跪求饶。但是她在气头上，失去了理智，尽管她自己也想生二胎，也想生儿子，居然还是去把孩子打掉了。不料后来丈夫的情人怀孕了，还生了一个男孩。这样就更麻烦了。

从上述案例可以看出，作为妻子，你想知道丈夫怕什么，然后拿此事去震慑他。你觉得这样能够把丈夫拉回来吗？这是非常错误的认知。我们认为，处理丈夫出轨这件事情，不是要挽回丈夫。因为挽回也没有用，他想要往外面跑，你根本就拉不回来。他想要离婚，你也拉不回来。如果你所有的行为都是要挽回他，每天都笑脸相迎，臣服他、顺从他，把自己打扮得花枝招展，或者把自己弄得好像是逆来顺受的老妈子、温柔乖巧的小鹌鹑。你以为这样他就会回来了？这个方法大错特错。

去挽救婚姻、挽救夫妻关系，这才是你面对出轨丈夫的上上策，而不是去挽回他。实际上，正确的做法应该是调整夫妻关系，疗愈婚外情的创伤，也就是要让婚姻里的匮乏、婚外情里的满足都呈现出来，这样必然要开战，要把婚外情的温床打掉，再重新构建婚姻，这才是应对婚外情正确的做法。

我们认为，婚姻中的女人与其费尽心思想知道出轨的男人最怕什么，不如搞清楚自己最怕什么。你最怕丈夫跟你离婚，最怕离了婚孩子受影响，归结起来还是怕离婚。对出轨的男人，你先要知道他是不是动过离婚的念头。根据案例统计分析一下，男人出轨后的心理状态是怎样的，他脑子里有没有离婚的念头。

第一，在出轨之前，95%的男人没有动过离婚的念头。

他可能会觉得妻子身材不够好，做的菜不是特别好吃，没把家里收拾整洁干净，跟婆婆关系不是特别好，等等。总之，他觉得妻子不够完美，但是他从来都没有想过离婚。在出轨之前，95%的男人没有想要离婚，只有5%的男人想要离婚，而且是特别迫切地想要离婚。

这种情况往往有这些状况，第一种是斗鸡式婚姻，两个人天天吵，吵得人仰马翻，谁不想离婚呢？第二种是僵尸式婚姻，出轨之前，两个人的婚姻就僵了，两个人一直冷战，谁也没有满足谁。第三种是植物人式婚姻，妻子在家里是“寄生虫”，丈夫在家庭里面获得不了能量。第四种是丧偶式婚姻，或者叫鬼魂式婚姻，一方长期处于缺席的状态，没有承担起应有的家庭责任。处在这样的状态下，男人当然想要离婚。

第二，出轨之后，有30%~40%的男人会出现离婚的念头。

出轨后，有一小部分男人会想离婚，但他们离婚的动机不尽相同。有的是觉得自己好像遇见了真爱，心里激情万丈，想要为他的真爱离婚；有的是受情人的再三逼迫，不得不给她个交代；有的是妻子各种闹腾，他受不了也会想要离婚；还有的是想用离婚来反制妻子，这样他也会现离婚的念头。

第三，在出轨之后，50%~60%的男人没有想过要离婚。

很多男人出轨之后，并没有想要离婚。他没有这种想法，甚至从来都没有产生过这种念头。

第四，出轨之后，90%以上的男人认为妻子不可能发现他出轨。

出轨的男人都超级自信，他觉得自己搞婚外情的技术一流，隐藏得特别好，他自以为找的借口都是完美的，天衣无缝。这也是男人会一直持续婚外情的原因，他觉得妻子发现不了他出轨，他非常有自信。

第五，出轨之后，80%~90%的男人认为自己能控制妻子，也能控制局面。

“妻子不敢拿我怎么样”“我能控制这个局面”“被发现了局面不会失控”，大多数出轨男人都这么想当然。如果他们认为局面会失控，就不会出轨了。

第六，出轨被妻子发现了，50%~60%的男人的应激反应是离婚。

出轨被妻子发现了，“能怎么办？离呗”“过不好，那就离呀”，他的回答常常是应激反应，不经自己大脑思考，就给出离婚的结论。

“过不下去了，我不爱你”“我就是这样的人，我就是个烂人”……

第七，90%以上的男人认为离婚不会改变什么。

有的男人离婚不离家，认为她还是我妻子。也有很多男人对离婚没概念，他认为离婚了，生活也没什么变化，因此他们会选择净身出户，他认为女人还是他妻子，他觉得把所有的钱都给她也无所谓。此外，这也跟这个男人的自信心有关，觉得自己还能挣更多的钱，他也愿意净身出户。

如果我们想处理好出轨的问题，就要知道出轨的男人关于离婚的想法，关于离婚的这些心理状态。

第二节　挑明出轨后，他会担心什么

男人出轨了不敢挑明，说到底是因为他有太多担心。他更怕一旦挑明，他的担心很可能会变成现实。在婚外情中两头牵扯的男人，在问题暴露后，他会担心什么？

一、出轨的男人常常怕离婚

如果男人不怕离婚，他大可以干脆在婚外情之前就离婚。在出轨之前，他觉得跟妻子没感情了、没爱了，觉得婚姻生活过得不好，他直接离婚不就行了吗？为什么他没有离婚？根本原因是他害怕离婚。正因为出轨的男人怕离婚，很多女人就能够用闹离婚的方式逼迫自己的丈夫，让他妥协让步。

二、怕失去妻子

常有这种情况，有的丈夫一方面觉得妻子不完美，另一方面又看重妻子是“旺夫相”，娶了她之后，自己的事业“蹭蹭蹭”往上升。他也觉得妻子把财产管得挺好的，还帮他照顾老人和孩子，可能妻子还是他的支柱，他怕失去妻子。如果你是一位有高价值的妻子，他就更加害怕失去。

三、他怕离婚后损害他的面子，损害社会形象

比如这个男人是一个慈善家，结果他出轨，还离婚了，那别人还会觉得他是慈善家吗？男人会害怕损害自己的社会形象，也怕以前在人前塑造的好男人、好丈夫、好爸爸形象，一下子都崩塌了。

他也担心他的人际圈子知道他出轨。像我们辅导的一位来访者，她和丈夫的社交圈子都是没有离异的人，大家的婚姻都过得很幸福。后来她丈夫出轨了，她很怕身边的人知道，她丈夫也怕。

四、他怕闹离婚，怕纠缠不休

出轨挑明后，男人会怕妻子真的闹到单位或闹到网络上，怕出轨的事闹得尽人皆知。当然，他更怕纠缠不休，怕妻子老纠缠他出轨的事，纠缠离不离婚。他怕死了，也烦死了，男人是最经不起烦的。

五、他怕孩子会没有妈妈

有孩子的家庭，男人会怕离婚后孩子没了妈妈，孩子会出现问题。尤其是在离异家庭长大的男人，他有心理阴影，会怕孩子重复他的成长道路。

六、他怕父母不支持自己，也怕牵连到父母

有的男人会担心父母施加的压力，他怕父母的责骂、不帮忙照顾孩子，切断给他的经济支持，还会怕出轨的事情曝光后，父母会背负压力。在咨询中，经常听到这些男人说“你不能跟我父母讲，他们年纪大

了，又有高血压，万一血管爆了怎么办？”“老人有心脏病，万一心脏病犯了怎么办？”

其实这种情况屡见不鲜。有一位妻子发现丈夫出轨，她愤怒地冲到公公家，向老人控诉：“你儿子出轨，都是你这个老不要脸养出这样的儿子来。你赶紧把你儿子叫回来……”当时她言辞激烈，把公公好一顿羞辱。结果老人受到刺激，心脏病发作去世了。

七、他怕影响仕途，怕影响事业

尽管很多男人嘴巴上说着轻松，还跟妻子嚷嚷“你要离婚就离婚，要举报就举报”。但是，当妻子真的举报他的时候，他就真的怕了。他怕会影响自己的仕途，毁掉自己的事业。事实上，出轨男人中的大部分都怕这种事情。

八、他怕离婚之后，情人不如妻子

其实，有很多男人担心情人真的变成了他的妻子。他更愿意只是与情人谈情说爱，双宿双飞。他会觉得婚外情一直处在激情状态下更好，一直生活在云端更好。他自己也很清楚，所有女人做了妻子都是一个样子。女人结婚后做了太太、做了妈妈，要顾家，又要兼顾事业，都会变得大同小异。哪个女人结了婚，还能和婚前一样？她又要顾家，又要顾孩子，还要顾自己的事业，总有一方顾不周全，忙得风风火火，怎么可能温柔可人？有的女人脾气大一点，有的女人脾气小一点，难免也会变得凶悍、咄咄逼人。

事实上，在我们看来，女人变成了什么样的妻子，完全取决于那个男人是什么样子。如果男人说妻子不好，那就要怪你自己不好，而不是怪妻子。因为你不会疗愈妻子，不会让妻子变得更美、更好。一个无能的男人无论换多少个女人，他家的女人都是一样的。

九、他怕财产损失，怕影响财运

对男人来说，财产是他权力的象征，也是他男人魅力的所在。所以，不少男人都怕失去自己的财产，特别是那些从小就被钱所困，或者受到的教育就是要牢牢抓住钱的男人。当然了，也有一些男人并不怕财产损失，他们相信自己有能力去挣钱。

第三节　分手回归家庭，他害怕什么

让出轨的男人放弃婚外情、回归家庭，难在哪里？难的是有的不想回，有的害怕回。很多人可能不相信出轨的男人会担心什么。其实周旋在两个女人之间的出轨男人，他不但担心，而且担心的东西还很多。具体分析他们担心、害怕的主要集中在以下几个方面。

一、我要回头，会付出很大的代价，无力承担这个代价

1.情人以死要挟，他不敢分手

很多男人想回头，想了断跟外面女人的关系。婚外情的新鲜劲过去了，他觉得跟她在一起，过得还不如跟妻子在一起的好，可是他要分手的代价太大了。如果他跟情人分手，她要自杀，令他害怕。而且有些情人真的吃过安眠药，有的喝醉酒跑到马路上乱撞，有的爬到楼顶要跳楼。她们以死相逼，男人承担不了这个代价。

2.要举报男人，男人怕丢了工作

一些情人握有男人的把柄，抓住了他的软肋，譬如男人的商业秘密，甚至男人做的违法犯罪的事情等。在这种情况下，他不敢轻易决定与之分手。

3. 要的分手费太高，男人拿不出这么多钱

有一些出轨男人的经济实力比较雄厚，当他向情人提出分手时，对方狮子大开口，扬言要数百万元，甚至上亿元的分手费。而有些男人经济困难，即使情人提出要10万元分手费，他也拿不出来。

4. 情人威胁他，“你敢跟我分手，我去找你们家孩子”

很多出轨男人都会遭受情人的威胁，她们会用男人的前途、家庭，甚至父母和孩子去胁迫他，让他不敢分手。

5. 自残，或者伤害自己的孩子

有的男人与情人生了私生子，当他提出分手时，对方会用自毁方式威胁他，如她们会说，“你敢跟我分手，我和孩子一起去死，或者我让你永远见不到孩子，我把孩子送给别人”。还有的会用自残这种极端的方式去挽留男人，以致男人很难下决心分手。

二、丈夫担心即便回头，妻子可能会收拾我

有些出轨男人回归家庭后，妻子没办法接受他。觉得他做了背叛自己的事情，他没有道德、没有责任，甚至还会觉得他很脏。如果妻子过不去这道坎。妻子很痛苦，无法坦然接受他回归家庭，常常处于会秋后算账的状态，就会收拾他。譬如常见到很多妻子会逼问丈夫“你跟我说说，从什么时候开始，你跟外面的女人好起来的？你跟那个女人做了哪些事情？去过哪些地方、哪家酒店？给了她多少钱？这些钱通通要拿回来。现在你每天必须要早请示晚汇报……”男人很害怕妻子追究，他怕自己回归之后，没有好日子过。

三、男人回头之后，担心遭受巨大损失，当然不愿意

男人回家之后，外面的温柔乡没有了，情人的认可、崇拜、甜言蜜语没有了，他的“第二春”和自信心也没有了。而且，他也失去了在家

里的地位。因为出轨，现在妻子天天盯着他，把他当贼防着。

出轨男人回家后，他最大的损失是失去了一个男人的存在感和价值感。在情人那里，他像是一个完美的爱人，他感受到了满满的爱和崇拜，他有价值感、荣誉感，也有归属感。回头之后，这些东西通通都没有了。与此同时，他还要遭受妻子和家人的歧视，妻子可能会采取种种方式贬低他、指责他、管束他、限制他……男人觉得回家的损失太大了，他不想也不愿回家。

第四节　如何应对出轨男人的恐慌情绪

如果你发觉丈夫有害怕、恐慌的情绪，他不敢面对你，甚至不敢回家，你要分析一下，他对这个家、对你，他是怎么想的，他到底在担心、焦虑什么？如果你搞清楚了再去处理，就会采用比较合适的方式去解决。根据我们的经验，出轨的男人之所以恐慌，多半是因为下面几点。

一、他觉得回头需要付出很大的代价，他无力承担

妻子可以跟他谈这个问题，要让他知道很多代价是他想象出来的，实际上并不存在。他说情人会自杀，她真的会死吗？需要深入分析和了解；他说情人会威胁他，这件事情也有处理成功的办法；他说情人不让他看私生子，在大多数情况下，只要不付抚养费，情人一般都会妥协让步。类似他所担心的代价问题一般都可以解决。

二、他担心妻子会收拾他，甚至报复他

你会怎么对待出轨的丈夫，要把自己的态度向他讲清楚、明白，减

少他的担忧。他回家之后，你不用强行要求他一定要做些什么，只需在他的能力范围内做到就可以了。

三、他觉得回家之后损失很大

他回家到底会损失什么呢？他离开情人是一个损失，可是他回到家里，他会得到家的温暖，得到妻子和亲友的肯定和支持。让他认真考虑一下，如果离婚去与情人在一起，他能够获得这些东西吗？一旦情人变成了妻子，不也会面临婚姻问题吗？

有一些妻子向我们反映，她跟丈夫坦诚沟通了，也帮他认真分析了种种问题，但没有取得效果。还有一些男人总是回避，不愿意跟妻子谈婚外情。他们逃避的真正驱动力是因为害怕以下几点。

1. 害怕分手痛苦，不想失恋

婚外情很美好，他跟情人花前月下、激情似火，他割舍不下这份感情。常常是妻子发现丈夫出轨了，男人的第一反应就是不分手，看看能不能混过去、拖过去。他们沉浸在婚外情的迷梦里，害怕承受分手的痛苦。

2. 害怕妻子给的压力

妻子会要求他和外面女人分手，两人之间免不了争吵、闹离婚。他承受了很大的压力，又没办法解决，只好逃避。

3. 他也不知道怎么面对这个烂摊子

被妻子发现出轨了，他不知道怎么办，拿不定主意。他一下子陷入了迷茫的僵持状态。在动物世界里，有时会看到小动物受到惊吓后，马上四肢僵硬，“砰”地倒下去。其实人也会这样。

面对丈夫的恐慌逃避，我们可以采取满灌疗法，我们总结了几种方法。

第一，告诉他，害怕逃避也解决不了问题，反而会增加对你们关系的破坏。你要让他知道，就算他逃避，你同样还会继续追击。“痛打落水狗”就是你的策略。

第二，你要告诉他，具体采取哪些措施可以解决目前的困境。如果他知道这些措施可行，那么他就会去做。

第三，你要告诉他你的底线、你的原则，告诉他你会怎么做，让他能够清晰地知道后路。

第四，你要不断地肯定、鼓励、支持他所做的任何一个积极行动。哪怕是他逃避这个行为，你也可以鼓励他说，“你逃避这件事情，说明你没有想要破坏这个婚姻，就这一条，我就觉得非常好”。

我们采取这些措施的同时，还要根据丈夫、情人，以及你自己的特点、优势做综合的评估，再采取以点带面的方式，去打消丈夫的顾虑，进而打破丈夫逃避的局面。这样才能够有效地结束婚外情，挽救婚姻。

第五章
在男人心里，情人真的比妻子更好吗

第一节　贬低妻子的男人

我们经常发现这样的现象，出轨的丈夫会对妻子说，“她比你好多了，你看人家比你乖，比你温柔，比你会带孩子，比你有孝心，比你懂得打扮，比你懂风情，还比你努力”，说得好像情人真的是样样都比妻子强。

每当听到这样的混账话，我常常直接就怼过去，“既然这样，那你还在犹豫什么？你不应该直接把妻子变成前妻吗？不应该马上写离婚协议书吗？离婚协议不成，你不应该马上到法院去起诉吗？你不应该马上就划清界限，搬出去跟情人同居吗？既然情人样样都比妻子好，那你还惦记着妻子干吗？”

往往有些男人会搬出各种借口和理由，他会对妻子说，“你是我的妻子，你一天是我妻子，就一辈子都是我妻子，我不可能把你让给别人”。他也可能会说，“我跟你只剩下亲情了，但我会一辈子都照顾你，离了婚我也要照顾你”。还有很多男人会告诉妻子，“虽然她什么地方都比你好，但你是两个孩子的妈，我不能让孩子受苦，要不是看在孩子的面上，我早就跟你离婚了”。

如果你们听到这样的说辞，可以这么回怼他：“你看在孩子的面上不离婚，那你知不知道，你搞婚外情对孩子的伤害更严重？”

事实上，很多男人认为他出轨对孩子没有影响。他们有自己的歪理，有的人会说，“婚外情能对孩子有什么伤害？孩子有自己的命。别家男人有婚外情，孩子不也挺好的吗？人家孩子还上名牌大学呢”。为什么他们会这么认为？答案可以在他们父母的婚姻里找到。如果仔细观察这些有婚外情的男人，你就会发现他们的原生家庭很容易出现这么几种情况：他的父母可能经常吵架，吵得很厉害；也可能经常冷战，谁也不搭理谁，形同僵尸婚姻；他的父亲或者母亲很可能也早就出轨了。他父母的不健康婚姻对他的影响很大。

他父母的养育方式也很有问题，要么过于严苛，对他管束很严，严厉要求他；要么对他家暴，时常会打骂他；要么忽略他，甚至遗弃他；要么父母跟他关系很疏远。这样的家庭常常也容易导致孩子成年后出轨。

但这些男人没有意识到父母的婚姻、教养方式对他的婚姻还有孩子存在的影响。譬如对孩子的教育上，他们就是不学习、也不在意。等到他的孩子出现了问题，他才在意。但有些男人可能还是不会在意，他会把责任推到妻子身上。

实际上，我们辅导的那些有婚外情的家庭，他们的子女后来都会出问题。有的孩子出现厌学，有的是出现心理问题，有的离家出走，有的闹着自杀，甚至有一些孩子真的自杀了。但就算孩子出了状况，这些男人往往不会反省自己，反而会怪罪妻子，认为都是她的错，是她没有照顾好孩子，导致孩子厌学、自杀。在他们眼里，问题全在女人的身上，他们从来不会觉得自己做错了什么。他也不会想到妻子有多好，过去对他有多好，他只觉得情人比妻子好。

有一个典型案例，主人公小燕的丈夫就是一位贬低妻子的男人。当他跟小燕谈出轨的事情时，一上来就说："我遇到真爱了，我动了真感情。现在她也怀孕了，我要离婚娶她。你不让我娶她，我就离家出走，搬出去跟她住，也不给你钱。"

后来在小燕的要求下，他才同意带她见情人。那位情人非常凶悍，三人见面时，男人本来还想打个圆场寒暄一下，结果她直接让男人别说话，然后指着小燕很凶地说："我告诉你，这个孩子我百分之百要生下来，我百分之百要嫁这个男人，我爱定他了。不管你离不离婚，我都要跟他在一起，我要跟他一辈子。"小燕气得全身直发抖，丈夫想要安慰她一下，马上就被那位情人拦住了。她还继续冲小燕吼："你哪里有资格做妻子，你这个人太强势了，还没有本事。遇到点问题你就退缩了，一点担当都没有，你能办成什么事？"还说小燕的高学历没什么用。她丈夫在税务方面有了麻烦，都是她帮的忙；跟别人产生纠纷，也是她出面谈判。还提到她丈夫在外面惹了很多事，都是她去摆平的，就连他的第一个情人都是她搞定的，而小燕甚至都不知道自己丈夫之前就出轨过。

小燕被她怼得无话可说，气得上去想要扇她，结果反而被对方先扇了一耳光，当时人都懵了。看到动手了，男人赶紧抱住小燕，也让情人赶紧回去，别动了胎气。那位情人不肯一个人离开，坚持要走就要男的跟自己一起走。在那样嚣张的状态下，小燕完全被压制住了，眼见着丈夫跟着情人走了。

为了解决丈夫的婚外情，小燕先后找了娘家人、婆家人出面谈判，都没什么作用。她丈夫的婚外情持续了很久，他们夫妻也没有离婚。直到在丈夫的私生子出生后小燕才跑过来找我们辅导。经过半年多的努力，那位情人终于与她丈夫分手。

而在辅导期间，小燕的丈夫一直都在强调情人有多好多好，是真的爱他，而且很有担当，还在事业上帮了他很多。很多处理不好的关系，他不方便出面的事情，都是她帮忙处理好的。她真的对他好得不得了，也真的很旺他。自从他们在一起，好几个项目都做成了，把与有矛盾的客户的关系也捋顺了。他们还生了孩子。为了跟他在一起都离婚了，因此他也要离婚。

为此，我们针对小燕丈夫对情人的夸耀事项逐一进行了分析。实际上情况究竟如何。

从条件上来看，他的情人是小学毕业，在乡下长大，父母离异。她在一家湘菜馆做服务员。从外貌上看，身高160厘米，皮肤偏黑，容貌并不突出。而妻子小燕呢，父母都是知识分子，工作体面。她自己也是研究生学历，在世界500强公司里工作，收入很可观。后来因为生二胎，才辞了工作，做全职太太。另外，小燕身高165厘米，皮肤白净，身材匀称，容貌比较出众。很显然是妻子的条件更好。事实上，很多出轨男人都会说，他遇到的情人是真爱，比自己妻子更好。如果你让他们回溯一下，他们过去谈恋爱、遇到妻子的时候，不也说是真爱，夸她好吗？

就像小燕这个案例，这个男人和小燕是大学校友，刚入校时，学校组织老乡会，他们就这样相识了。当时他遇到小燕，是一见钟情。他觉得小燕模样好、身材好、学历好、家境也好。当时小燕还是学校里的校花，追她的人很多。这个男人当时也是小燕的狂热追求者。

经过逐一分析，小燕的丈夫终于从热恋的情绪中冷静下来了。包括所谓旺夫、帮助他的事业，这些对小燕而言并不是问题，只是夫妻间在这些方面缺乏交流而已。

第二节　为什么男人会认为情人比妻子更好

男人在谈恋爱的时候，会选择某种类型的人。等到他搞婚外情了，就会选择另外一种类型的女人了。这背后到底有什么道理？下面我们要分析为什么丈夫会觉得情人比妻子好？

因为从本质上来说，婚外情是处在高峰体验的状态下，他所有的感受都是在婚外情这个基础上体验、感知到的，会蒙上一层美好的滤镜，这才是最关键的一点。那么，在婚外情中，男人会有哪些心理感受呢？

一、激情和爱情

在婚外情的状态下，首先是激情。对出轨男人来说，情人是完全新鲜的，而且双方偷情的心理让他激情四射。所谓“家花不如野花香”。另外，情人往往是在他与妻子有了矛盾冲突之后才找的，属于额外获得的刺激和快感，当然是干柴烈火，激情洋溢。有一个案例，当时是妻子正怀二胎，有流产先兆。她回到娘家养胎，在娘家调养了半年。在此期间，丈夫忍不住性饥渴，当遇到一个情投意合的女人，自然就出轨了。

另外，婚外情也是一种爱情。我们陷入爱情里，会觉得什么都是美的，什么都是好的。

二、新鲜的肉体

在出轨男人眼里，情人是新鲜的肉体。新鲜并不一定说情人就一定年轻貌美，而是相较妻子而言的。妻子是旧的，而情人是新的。就算是20岁的娇妻，也不一定比得上40岁的情人。因为情人是没有尝过的“美食”，与她是不是年轻漂亮、身材火辣无关，主要是有没有体验过的新鲜劲儿。

三、光环效应

男人跟情人在一起的时候，一般处于迷醉的状态下，看到的、感受到的全都是她的美好。之前提到的小燕的案例中，在丈夫的眼里情人很完美，什么都好。但是实际上，她作为湘菜馆的一名服务员，什么事情都搞定？那他自己又是怎么当老板的呢？

我们在给很多这样的男人辅导时谈到："你是老板、是经理，你找的情人比你的层次低很多。你办不成的事情，她能办成，你不觉得很奇怪吗？"

其实这就是光环效应，也叫灯下黑效应。男人在婚外情中会放大情人的优点，而忽略了别的。很多男人没有觉察到这一点，才会以为情人真的完美无缺。

有人或许就要问了，那妻子呢，妻子就没有光环效应了吗？从结婚那一天开始，妻子就没有光环效应了，就从云端还原为凡人了。进入婚姻后，妻子的脾气、性格等方面的缺点逐渐显露出来，男人才认识到一个完整的妻子。

四、匮乏的心理满足

我时常说，情人是站在妻子肩膀上的女神。她是男人匮乏时的心理满足。前面说过的那位妻子为了保胎而跑回娘家案例，一住就是半年，她的丈夫是不是饥渴难耐？他是不是空虚寂寞？还有，夫妻之间感情不好等，都会让男人产生心理匮乏。

就像之前提到的小燕的案例，她丈夫就抱怨小燕很强势，他本来就有心理创伤，在情感上产生了匮乏，所以他遇见情人之后，就会觉得对方特别美好。一个人非得要饿他几天，他才吃什么都香。

情人之所以更好，是因为她使得他匮乏性的心理得到了满足。妻子有不足的地方，情人进行了弥补，令出轨男人觉得她特别完美。

五、只谈情说爱

在婚外情里，男人特别风流潇洒。他只需要跟这个女人花前月下，谈情说爱，不需要洗脏衣服、臭袜子，也不需要买菜做饭。婚外情没有柴米油盐酱醋茶，没有房贷和经济压力，更没有婆媳问题和抚养孩子的问题等这些会让男人有压力的事情。

在家庭中，男人要顾及很多家庭琐事，但在婚外情里，他只需要风花雪月，没有现实生活。人在谈情说爱的时候，什么都特别好。

六、额外的收益

妻子满足了男人的基础需求，帮他照顾老人孩子，帮他操持家务。而情人是额外得来的好处。他什么事情都不用操心，也没有后顾之忧，只管在情人那里获得正能量。这多么美好，多么快乐！

妻子日复一日、年复一年，都是辛劳付出，付出多了，男人就麻木了。妻子觉得辛苦，跟丈夫抱怨，男人还会觉得烦躁。情人就不一样了，她为男人做了一件小事，男人就给她点一万个赞。男人和情人之间会积极响应、互相认同，这都属于额外的好处。

七、新女神

妻子是旧人，情人是新人，而且还是心目中的女神。男人对情人抱有美好的期待，认定了她是特别美妙的存在。尤其是面对美貌的女人，男人更是全身心只看到她美好的一面、付出的一面。她会为男人付出，她提的要求也是温和的要求。在这样的情况下，男人就感到情人比妻子好。

总结起来，男人之所以觉得情人比妻子好，无非出于这几种心理效应。

第一种是偷的效应，打破常规。人在做违法犯罪的事情时，总会感到特别刺激，这就是偷的效应。俗话说“妻不如妾，妾不如偷，偷不如偷不着”，是这个问题的特点。

第二种是光环效应，在婚外情那层光环下，他看到的都是美好的。

第三种是创伤满足效应，因为他有创伤在，可能是他父母造成的创伤，也可能是他自己在工作上，或者在婚姻里的创伤。情人恰好此时可以满足他，他就会产生幸福感。

第四种是空中效应，婚外情都是浮在半空中的，飘飘然，不用落到人间，好似身处仙境一般。

第三节 情人的优势

一些出轨男人之所以认为情人比妻子更好。一方面，这是因为婚外情有一种独特的滤镜效应，让男人没办法冷静判断。另一方面，客观来看，情人确实也存在以下几个方面的优势。

一、心理层面：听话、尊重、支持、放松

在心理层面上，情人会特别听话，显得很懂男人，很尊重他，也很支持他；情人会显得很开朗，会积极点赞、表扬男人；情人会显得懂得陪伴，让男人有归属感……其实这些都只是男人的主观感受。

从上述各项里面随便拿出一条，难道妻子没有做到吗？就说陪伴吧，之前提过的小燕的案例，她从丈夫还是普通工薪族的时候就陪着

他，那时候他的收入甚至还没有小燕高。结婚多年，小燕一路陪着他，一直到他事业成功，做了老板。但是我们也要看到，男人能从情人那得到这些心理满足，说明情人确实做得比妻子好。但归根究底，很多情人之所以在某些方面做得好，是因为她没有进入到真正的婚姻生活中。如果真正进入到婚姻里，情况就会发生变化。

二、生理层面：新女神、新心情

生理层面上，男人也会觉得情人比妻子好，特别是性生活。一般情人比妻子更加放得开，尤其是很多妻子从恋爱到结婚就只谈过一个男朋友，在性生活上与家庭生活一样一成不变，死水微澜。如果在这方面，妻子不能够解放自己，不能打开自己，那肯定比不过情人。再者，情人又是“新”的，有女神光环，那更加有新鲜感了。

三、高期待：满怀热忱

对情人，丈夫抱有较高期待，而且在“空中”实现了；对妻子，丈夫也有高期待，但却是在低处得到了满足，像是在半空中被满足，与在现实中感到满足是完全不一样的。这种期待和落差，哪怕只有一点点，都会被他放大很多。

四、罗密欧、朱丽叶效应

像我们经手的一个案例，男人有了婚外情，妻子要求他分手。丈母娘、老丈人以及自己的父母也要求他分手，所有的人都反对，这种情况下会催生出罗密欧、朱丽叶效应。男人反而会和情人团结在一起去反抗所有人，以维护自己的爱情。他觉得你们都反对，我就要逆反，偏要在一起。你们都觉得她不好，我偏觉得她好。

五、人际关系

在处理人际关系上，情人比妻子更有优势。因为婚外情只集中在男女关系上，她并不需要发展、处理别的关系。而在婚姻中，妻子要面对夫妻关系、亲子关系，还要维系婆媳关系、亲友关系等一堆关系。妻子们忙着处理家庭内外的人际关系，而情人只是做她自己就好了。

“你的父母不认可我，我觉得他们瞧不起我，我真的好难过。但是你放心，只要我能跟你在一起，我怎么着都可以。”很多情人会这么说，就显得她们很懂得处理人际关系。

六、物质层面

在物质上，为什么给情人花钱的感觉会比给妻子更好呢？带着情人去餐馆、去咖啡厅，和她一起去酒店，外出旅行，花一分钱都能获得快乐感。而且情人不会催着要改善住房，也不会着急买学区房，她不会给男人要求很多的经济回报。

有一个案例中的情人没有向男子要钱，也没有提出要买房买车，什么要求都没有提，但是这个男人却给她买了一辆30多万元的车，她欢喜得不得了，到处炫耀：“这是我男朋友给我买的。”同样是买车，他给妻子买了一辆20多万元的车，妻子当即就不高兴，说他们现在生二胎，要买大一点的房子。他觉得妻子是很物质的女人。而情人不提钱，不是物质女。

七、冲突层面

在处理冲突方面，情人肯定比妻子好。在婚姻中，即便平日里冲突不多，男人也容易对妻子产生倦怠。而如果妻子跟丈夫冲突多了，万一引发了男人的防御机制，那就非常致命。需要强调一点，并不是说男人不会和情人起冲突，而是因为她不是妻子，所以起冲突的时候没有引发他的防御机制，这才是真正问题所在。

八、时间层面

男人跟情人在一起的时间少而精、少而美。他们在一起就是约会，搂搂抱抱、缠缠绵绵。两个人压马路、逛公园、看电影，很甜蜜。而跟妻子在一起呢？都是家长里短，一地鸡毛，他自然就会觉得情人好。这时候还容易有饥饿效应，他一天到晚想方设法要逃出去。到了周末他会撒各种谎，说要出差、要应酬，跟妻子斗智斗勇才能跟情人在一起，这也会令他感到跟情人度过的时间更美妙。

第四节 妻子的心理建设和应对方法

当丈夫说："情人比你好得多""要是先遇见的是她，我就不会娶你了"……作为妻子该怎么办？你不要轻易被他的话打败，从而否定自己。这种时候，大家可以利用五个策略加以应对。

一、认同幻象

你要认同婚外情的幻象，打破罗密欧、朱丽叶效应。如果你丈夫觉得他跟情人在一起最美妙，情人比你好，你可以回答他，"你说得对，她肯定比我好"。

当你认同他、不反对他的时候，就会降低他与情人团结的力度。你也不要让公婆或者自己的父母反对他，也不要让其他人强行反对他，且认同他的感受和想法。你可以告诉丈夫：你们两个人在一起好的话，我可以跟你离婚，让你去娶情人。这样，就能把他和情人的团结打散，增加他继续发展婚外情的道德困惑等心理压力。

二、加快落地，从空中变成现实

如果丈夫和情人两个人说要结婚等，建议妻子不与之吵闹。如果他偷偷地要跑出去，也不要阻止他。

丈夫对你说："我要去见情人。"你就告诉他："去吧，去看看她是不是真的很温柔，看看她是不是很包容……"。

又如他说："我要跟情人一起待一个星期。"你就回答："没关系，你去吧……"

通常情况下很多妻子都是拼命地拉住丈夫，不让他去见情人，担心丈夫去了那边，就不会回来了。其实这样做会令丈夫心里更渴望出去，对解决问题无益。我们告诉她们别着急，就让他们见面，也不用天天打电话问他们，不用急着拉他回家，关键是要给他布置作业，让他跟情人一起做，让他再体验一下从天上的爱情变成地上的生活。

那么我们要布置什么作业呢？这需要结合具体的情况而定，针对每个出轨男人布置的作业都不一样。

三、认同自我

很多妻子一听说丈夫的情人比自己好多了，当时一下就崩溃了、绝望了。这样对解决问题就比较棘手，这时我们要冷静下来，如果要想达到一个好的结果，首先作妻子的你要挽救自己，也就是要修复自我认同。

丈夫有婚外情，妻子容易失去自信。她们会觉得自己发型不好看了、穿着打扮不美了、脸上有斑了、又长皱纹了……挑自己的毛病。我们在此郑重地告诉大家，**处理婚外情，你首先要做的事情就是挽救你自己。你不把自己挽救回来，怎么面对情人？**

之前提过的小燕的案例，情人出生于乡下，小学毕业，还离过婚，只是一名服务员。如果面对这样的情人，妻子都没有自信吗？实际上，妻子父母都是知识分子，自己也是研究生毕业，外貌和工作都比情人好很多。她怎么就觉得自己一无是处了呢？如果不修复自我认同，不仅不能面对现实，还将影响未来的生活。

四、温和而坚定，绝不妥协

很多妻子都害怕离婚，不想离婚，离婚太丢人了……因此当丈夫提出离婚，她就怂了。面对婚外情，刚开始就怂，那后面就没有办法了。还有的妻子慌了阵脚，又哭又闹，歇斯底里。这样也作用不大。我们要温柔而坚定，绝不妥协。

有的出轨男人居然提出三人行，还有妻子会同意，还问怎么安排。有一个案例，丈夫提出了方案，太太来了例假，他就去情人那边。结果，真的从妻子来例假的第一天，男人就去了情人那边。等例假结束了，他再回来。作为妻子沦落到了卑微的境地。

五、提出结束婚外情的请求

你一定要明确提出要他结束婚外情。无论他做得到还是做不到，也无论他会不会暴跳如雷，我们都要坚定地告诉他："你必须结束婚外情"。

如果你不明确提，就没有为今后解决问题画出一条红线，将令问题的解决变数太多。当我们提出这个意见后，还要坚定自己的立场，否则也容易功亏一篑。很多时候当妻子跟丈夫提了要他结束婚外情，一听到丈夫威胁要离婚，她就怂了。

正是因为妻子不提结束婚外情的要求，正是因为妻子不坚定而妥协，才导致婚外情一拖再拖，甚至拖到丈夫的情人都生出了私生子。因此一旦提出了意见就不能让步，态度一定要非常坚定。

大家一定要牢记，丈夫有了婚外情一定要及时处理，采取措施。如果你们不懂怎么做，可以找专业老师指导。如果你们发现了，不去应对，或者发现得太晚了，处理起来就复杂得多了。

第六章
已婚男人是真爱情人吗

第一节　嚷嚷真爱的痴男怨女

我们做婚姻咨询的时候，被问到最多的问题是“我丈夫说他对情人是真爱，你说他们是不是真爱？”“我怎么觉得我丈夫跟那个情人是真爱呢？”“我是情人，那个男人说爱我，他对我是真爱吗？”

作为女性，为什么总是有这种困惑呢？因为出轨男人经常会告诉她们，他遇到真爱了。而情人也往往会说，“我真爱你丈夫，我对他别无所求。为了他，我什么都愿意付出，我愿意继续等”。很多女性就在这个问题上纠结，把自己搞得焦头烂额。

我们针对这个问题来进行系统的讨论。先讲述一个案例，以方便大家理解。

小玉结婚20多年了，在她来找我做咨询之前，她丈夫已经出轨了三次。第一次是在她怀孕的时候，孩子已经五六个月了。当时她本想离婚，但想到他们恋爱三年多才修成正果，而且还怀着孩子，就原谅了他。第二次是丈夫出差的时候，他应酬时喝醉了，被女上司送进酒店，结果两个人发生了关系。但是这段婚外情持续时间很短，小玉还没反应过来，他们就结束了。第三次是在她丈夫辞职出来创业后，开了一家公司，招的员工中有一位离异的女员工。后来他与这位女员工发生了婚外情，持续了两年多，直到这位情人逼他离婚，小玉才知情。她丈夫开除了情人，结束了这件事情。

但是，后来她发现丈夫又搞婚外情了，这已经是第四次。而这也是因为情人逼迫她丈夫离婚，她丈夫把矛盾推给了自己，情人直接打电话给小玉，并骂她："你这个黄脸婆，怎么好意思还不离婚呢？你丈夫都不爱你，你干嘛要缠着他呢？他跟你提离婚那么多次，你自己没有点数吗？你干嘛要死皮赖脸呢？"

听到这些话的时候，小玉完全懵了！她还坦白回答，丈夫从来没跟她提过离婚。事后她就追问丈夫是不是又出轨了。她丈夫倒是诚实，直接承认了，并且告诉她之前三次出轨都是玩一玩，并没有上心。但这次出轨，他动了情，他觉得是真的很爱情人。

而这位情人是一位在KTV工作的小姐。他告诉小玉："我知道她很善良，她道德很高尚。因为她的父母出问题，所以她不得不出来谋生。我不嫌弃她，我是真爱她，我一定要跟她结婚。"他还跟小玉哭诉，自己都50岁了。以前，为了孩子、为了家、为了事业，他受了各种委屈，现在他不再委屈自己了，他要为自己而活。这次他真的要离婚。说完这番话后，他还真就搬出去跟情人住在了一起。

这位情人也马上从KTV辞职，跟这个小玉的丈夫同居，并很快就怀孕了。她又逼男人跟小玉马上离婚。这个男人又跑回来找小玉，说如果她再不同意离婚，他就起诉离婚。过了一个星期，他还真把离婚协议发给她了。

当时我们告诉小玉，直接跟丈夫讲，要起诉的话，就起诉好了。与此同时，我们也打电话跟那位情人沟通，"你是不是怀孕了？你想通过怀孕的方式让这个男人离婚，你觉得未来跟他能过得好吗？”她一听这话，就把孩子流掉了。因为她自己也知道这个男人只是玩玩，如果真生下这个孩子，她要付出很多，她也不愿意冒这个风险。男人知道后非常愤怒，他到法院起诉离婚，一审没有判离。然后情人就慌了，她觉得男人跟妻子商量好了在坑她，就提出要分手。

后来，经过将近一年的辅导，情人提出了30万元分手费。这个男人给了她40万元。小玉发现丈夫给钱后，马上起诉了情人。这惹恼了她丈夫，他气得冲到家里，把家里的东西砸得一塌糊涂，还动手打了小玉，打断了她的鼻梁骨。

由于小玉的这种冲动，不仅将已经取得的成果陷入被动，还制造出新的矛盾。但动手打人这事不能允许。事情的性质发生了变化，对彻底解决问题有了新的方案，因此我们告诉小玉，绝对不能对这种男人客气，要坚决报警。她丈夫后来被拘留了，小玉也起诉成功，追回了丈夫给情人的钱。故事的结尾是小玉的丈夫最后回归家庭。

这就是婚外恋中双方以为的真爱，这样的案例还有很多。已婚男人、情人都说真爱对方，结果呢？往往是妻子，像小玉这样坚定地治理婚外情的，反而获得了婚姻。很多人替小玉打抱不平，说这种男人还是别要了，但在处理婚外情的时候，妻子还要不要这个男人，取决于婚姻评估结果。在辅导小玉的时候，我们做过婚姻评估，除了丈夫出轨，她的婚姻在其他方面都还不错。他们夫妻两人一起创业，事业发展很好。在出轨之前，男方对小玉也挺好，挣的钱都给小玉保管，也很照顾小玉的娘家。基于这个评估结果，我们才建议小玉挽救婚姻。

大家不要看到男人多次出轨了，就觉得这个婚姻很不好，想放弃婚姻。丈夫反复出轨，作为妻子，你要问自己，对他出轨这件事情，你采取了哪些措施？如果你轻易原谅他，他就会一再出轨。

如果婚外情一开始，你就像小玉一样坚定地跟他进行斗争，他哪里敢再出轨。对那些家暴的男人，坚决不和解，必须让司法介入。他被拘了一次，下次就不敢动手了。我们常建议，女人一定要勇敢起来，而且是有策略、有办法的勇敢。千万不要莽撞，莽撞会给自己惹麻烦。

从小玉的案例里，大家也可以看出来，出轨男人和情人所说的真爱，到底有多真？其实并不一定真。

遇到了婚外情，就嚷嚷真爱，或者执着地追问到底是不是真爱，在这个问题上纠缠不清的痴男怨女，到底是些什么样的人呢？

一、四五十岁的中年男人，特别是在婚姻里过得鸡飞狗跳的中年男人

这类男人总是喜欢说遇到了真爱。他们跟妻子结婚的时候说是真爱，遇到情人也说真爱，甚至遇到小四、小五、小六，也都如此。有这么多的爱可以重来吗？

男人说真爱，只是说明当下他真的激情万丈，投入恋爱里了，他有恋爱的感觉。出轨的丈夫动不动就说真爱，他的意思就是说自己找到了激情，找到了恋爱的感觉。仅此而已，女士们不用信以为真。

男人如此轻易地说出真爱，真的很可耻、可笑，也很可怜。这种行为就像很多女人动不动就问丈夫“你爱我吗”。他爱不爱你，你心里没有数吗？同样的道理，出轨的男人说遇到了真爱，到底是不是真爱，他心里没感觉吗？所以，大家要知道，他们那只是一时激情而已。

二、听到丈夫说遇到真爱、自我怀疑的妻子

很多妻子一听到丈夫说是真爱，就慌神了。加上很多以前他没做过的事，他都为情人做了，就更容易自以为是了。以前，他没有给妻子送过花，没有说过肉麻的情话，没有陪妻子去旅行，但是他跟情人在一起都做了。他甚至还会模仿王小波、徐志摩写情诗，浪漫得很。妻子就会觉得他真的爱上了别人。如果不是真爱的话，他怎么可能做出这么多事情呢？

如果你信了他的话，还不如信世上有鬼呢。

这些男人年轻时经济上能力不足，没有见过世面，他能搞出这些花样来吗？现在他有钱了，读过EMBA，上过总裁班，出过国，阅历比以前丰富了，才开始玩浪漫。我们曾经辅导过的一位来访者，他出生于农村，中专学历。二十来岁的时候哪懂这些，都是婚后跟着妻子才学会了这些二人世界的温情。

当一位妻子疑惑地问我："我丈夫跟情人是真爱吗"时，我们知道她有心理创伤了。她觉得自己作为女人的价值被贬低了，甚至自己的存在都被否定了。她有创伤了，怀疑自己了，才会相信丈夫遇到了真爱。

实际上，如果他遇到真爱了，他不是应该马上分居，搬出去吗？不是应该马上写离婚协议书，或者上法院起诉吗？按照他的真爱逻辑，他不是应该早早准备好离婚的手续吗？为什么还要两头拉扯？

三、怀孕的情人也喜欢问是不是真爱

情人怀孕的时候，她会开始憧憬美好未来。她会想着自己有了爱情的结晶，自己再努力把心爱的男人的基因传递下去，幻想他们以后会有美满的家庭。与此同时，她也问真爱的问题。事实上，怀孕的情人之所以会追问真爱的问题，就是因为她们也焦虑了。

看着肚子一天比一天大，孩子出生的日子一天天临近，她会焦虑孩子的养育问题，她怎么办？孩子是私生子，她该怎么面对孩子的身份？那些怀孕的情人追问是否真爱，实际上她问的是，"你会离婚娶我吗？""你会给我们娘俩美好的未来吗？"

四、让男人离婚的情人，她也会问真爱

很多情人都会问男人能不能跟妻子离婚。如果他能离婚，那就是真爱。如果他不是真爱我，怎么可能去离婚呢？那些让男人离婚的情人，如果男人真的离婚了，她会有一种胜利者的心态，确认自己得到了真爱。她会认为男人离婚都是为了她，因为她已经取代了妻子的位置。男人去离婚，是因为她太美、他们两个人太相爱、太般配了。她自以为是地认为他们两个人一定有美好的未来。她却从来没想过男人离婚的目的是什么，没考虑过已婚男人为什么会要她怀孕。实际上，一些男人让情人怀孕都是出于私心，他可能只是觉得自己需要一个男孩去接续家族香火，或者情人很漂亮，生的孩子一定也很漂亮。很多情人会觉得，男人让她生小孩就是真爱自己，真的不一定。

五、拿到了好处的情人，她会觉得是真爱

一些出轨男人对情人百般疼爱，可以说给足了好处。譬如她父母生病，这个男人马上开车，接进接出；三天两头陪她过夜，一天到晚都要联系，打电话、视频聊天，亲热得好像一日不见、如隔三秋。甚至把他公司的业务、账目也交给情人管，挣的钱也都交给她。他还有种种美好的计划，例如给情人绘制了一张人生蓝图：他说会离婚娶她，未来还会生孩子，要生好多好多孩子。他会许诺未来一起开公司，把情人安排得很好等。

面对这样的甜蜜陷阱，情人们获得了这样的感觉——觉得男人是真的爱自己。否则怎么可能会有这么多的计划呢？她有很强的代入感和愉悦感，她很难不认为自己遇见的是真爱。

第二节　婚外情的真爱泡沫

实际上，在婚外情中谈真爱的这些人都是基于情绪。什么叫真爱？世界上并不存在真爱的标准答案，你也没有办法证明自己掌握了真爱。所以我们也没有办法说服那些沉醉在真爱幻梦中的男女。情人明白是否是真爱，我们根据长期进行婚姻辅导工作所积累起来的经验，提出了关于真爱的两个角度，三种指标。作为妻子，你可以用这些指标去跟丈夫的情人谈，让她去衡量是不是真的赢得了男人的真爱。基本上谈一次就能让她清醒，不再幻想。

很多人会好奇，婚外情中的真爱到底是什么样的感觉？根据我们的经验来看，婚外情中的男女双方对真爱的感觉是不一样的。已婚男人和情人对真爱的理解和判断标准也不一样。

一、已婚男人的真爱是什么感觉

1. 真情

已婚男人认为真爱就是他真的付出了感情，真的有激情。他处在激情的高峰体验，那种体验从来都没有过。就像偷偷溜出家去吃夜宵。晚上十一二点跑到路边摊，微风习习而来，闻到地沟油烧出来的菜，味道太香了，吃在嘴里太刺激食欲了，再喝一点冰啤酒，真的太爽了。婚外情就是这么一种状态。婚外情中的这种激情体验，是一般爱情无法比拟的。

婚外情的激情状态，如果按照十分制打分，它能够达到11分。之所以能有这种感受，是基于男人在婚姻里多年积累的压力和疲劳感。

如果男人在婚姻里经受了太多艰难，有很多创伤，就积累起了高度的饥渴和匮乏心理，高度渴望围城外的美好。在这种情况下，如果到外面找到爱情，能不激动万分吗？婚外情之所以激情万丈，都是因为原有婚姻矛盾作为基础、作为铺垫。没有经历过婚姻，正儿八经谈恋爱，根本不会产生这种激情。有婚外情的男人，让他离婚再去谈恋爱，也体会不到这种激情的感觉。

2. 真性

婚外情中感受最深的还有真性。两个人的性生活尤如新婚，热烈而缠绵。婚外情中的性带有高度的新鲜感和期待值，令处于其中的双方带着偷情的感觉，也带着谎言和谎言的诱惑。带着这样的心理，男人找到哪个女人，都会有这样美妙的体验。

而且婚外情中的性，还带着不用负责的底色。男人的责任感很低，甚至让情人怀孕了也无所谓。在妻子面前，他可能要装成正人君子。到了情人那里，他就成了一头雄性动物，一头发情的雄性动物。在这种状态下，男女之间的性的确很爽、很诱人。

这就是为什么当情人变成了妻子后，男人会觉得仿佛回到了从前的婚姻。两个人怎么没了那种激情，没了爱的感觉了呢？人还是同样的人，但不是婚外情了，他就觉得无趣了。

3. 真意

有婚外情的时候，普通人都浪漫得像演偶像剧，就如同两个人在白雪皑皑的夜晚散步，外面好冷，两个人大手小手拉在一起，好温暖！天上有皎洁的月亮，地上有白皑皑的雪，泛出那种荧光，太美了！充满了诗情画意！对于已婚男人来说，婚外情里的情意绵绵，如胶似漆，那叫真心真意。

但在婚姻里如果男人和太太走在雪夜里的话，就没有那么浪漫了——冷死了，拍什么月亮，看什么雪，赶紧回家！还有一些人，喜欢在夏天的时候抓萤火虫。但结婚之后，你让他去抓萤火虫，他就会强调外面蚊子那么多，咬得脚上到处都是包，不再像过去那么愿意了。

大家在谈恋爱、陷入婚外情的时候，看月亮、抓萤火虫，做什么都觉得好美妙。而回到婚姻里，面对妻子，一切都变了，热情全没了。其实，等情人也变成了妻子的时候，亦不过如此。

实际上，在那些认为遇见了真爱的出轨的男人中，大概有10%的男人是真的产生了那种真爱的感觉。另外90%的男人却并不是如此，只是真的享受到了激情、性和绵绵情意，这部分男人的脑子里从来都没有考虑过真爱，他在出轨时对照的是他认为的妻子的各种不好——嫌弃她发型几十年不变、打扮太朴素、性格强势、没情趣，等等。相比之下，他觉得情人各种好，忽略了她们的个性和习惯。

出轨男人的真爱中掺杂了不少成分。那么情人呢？她们的真爱是什么，又有几分是真的呢？

二、情人的真爱

1. 真心

对情人（注：本文指女性）来说，首先是真心。她真的起心动念了，用了心、上了心，她觉得这个男人真的很不错。她看到男人对她那么温柔体贴，例如自己孩子生病了，他也不顾；妻子住院了，他也不去看；挣的钱不给妻子，拿给了自己。如此等等，她就动了心。一些情人，自己也有丈夫，可能她对丈夫还不及对情夫好，因为她自己动了心。

2. 真情

情人的真情跟已婚男人不一样。已婚男人的真情在于激情，情人的真情是情感，虽然也有激情的成分。

情人说得到了真爱，是因为她觉得两个人在一起那么舒服、那么美好，男的真是对她有情有义。关于真爱是这个意思。所以她也真愿意付出。事实上，很多情人们都为此付出了很多，不少都愿意倒贴钱，愿意受委屈。

3. 真性

现实中一些情人是真心的奉献自己，例如男人不愿意戴安全套，那就不戴；男人要她怀孕生小孩，那就生；有了孩子说要打掉，那就打掉；男人说要怎么样，那就怎么样。仿佛这个情人好像傻子，但事实如此，在我们的案例中，80%的情人都属于这种类型。她们不图男人的钱财，就图这个人。男人给不给钱都无所谓，她要的是男人对她好，让她觉得人生有奔头。为了这个，她可以无底线地让步、牺牲。

尽管他们认为是真爱，一旦分手之后，婚外情很难不变成一笔买卖。前面案例中提到过，小丽的丈夫在结束婚外情的时候，就拿出了40万元。总的来说，真有80%的情人，并不在意钱财或者其他，她的付出完全是出于自愿，另外20%的人会有包括物质上的各种考量。

第三节　已婚男人做到这些才算真爱

已婚男人的真爱，就像裹上了蜜糖的砒霜。如果女人轻信了，一头栽进去，就会中毒太深，难以自拔。要判断他们说的真爱是否可信？有以下几个标准作为参考。无论是妻子，还是情人，可以好好比对一下，看那个男人是不是真爱。

一、真爱不可能让一个人长期受委屈

站在情人的角度，如果男人的婚外情持续了一年以上而不与妻子离婚，他就不是真爱你。以妻子的立场来看，丈夫真爱你，他不会让你长期受委屈。

我们辅导过一位来访者，他的婚外情都持续三年了，既不离婚，也不分手，还谈什么真爱？那根本就不是真爱，分明就是真玩弄。

在这里，我们也想提醒那些妻子们，不要想当然的认为自己丈夫和情人就是真爱。你要仔细想想，你丈夫为你付出那么多，跟你结婚那么多年，他满足了你80%，甚至90%以上的需求。他出了轨，你就说他不是真爱你，这样合理吗？

二、五个付出：时间、金钱、身体、人生、未来发展

爱不是虚无缥缈的，而是一件非常具体的事情。没有落实到具体的事情上，那就不是爱。真爱也一样，一定要具体。我们认为，真爱一定会有以下五个方面的付出。

1. 付出时间

例如我们辅导过的一位来访者，他逢年过节都陪妻子，到了周末，还要回家陪孩子。每周只有星期一、星期三、星期五三天才有机会陪情人，而且也很少在那边过夜。根据我们的辅导，这位妻子采取行动，坚决要丈夫结束婚外情。他没办法离家出走，尽管如此他还是经常回到家里。这样的行为，大家觉得他是真爱情人吗？在此也希望情人们好好思考一下，事实上，很多情人们根本就不想这个问题。

2. 付出金钱

我们曾接到过一位女士的电话，她说："朱老师，我做人家的情人做了15年，生了两个孩子，从来没要过他一分钱。"当时，我们曾很想反问她，是不是觉得自己得到了真爱？拿婚姻来类比一下，如果你跟一个男人结婚15年，他从来不给钱，你会觉得他是合格的丈夫吗？

婚外情其实也一样，他不给钱，肯定不是真爱。退一步说，就算给了钱，还不一定是真爱呢。

3. 付出身体陪伴

如果一个男人对你没有身体付出，没有实际的陪伴，那想都不需要想，他肯定不是真爱。

4. 付出人生

他现在很少跟你在一起相伴，也没有跟你一起规划未来。你们之间没有共同度过的人生积淀，不会成为少年夫妻老来伴，这也不是真爱。

5. 未来发展

男人只管他自己的个人发展，完全不考虑你的未来，也不考虑孩子的前途。他甚至还利用你为自己谋好处，不断地榨干你，这当然不是真爱。

三、要有独占性

有70%以上的出轨男人都想三人行，他幻想最好情人别跟他闹分手，妻子也别逼着他离婚。他能坦然享受齐人之福，甚至幻想最完美的就是三个人可以睡一张床。

例如我们曾经辅导过一对夫妻。丈夫对妻子提出带他的情人过来认她做姐姐？这位妻子还真的是糊涂，竟然很认真地跑来问我，要不要认这个妹妹。我问她，自己家没有妹妹吗？很缺妹妹吗？她告诉我，自己娘家真的有一个妹妹。我就反问她："要是你亲妹妹做了你老公的情人，你还会认她吗？"她当时就答不上话了……

我们提醒女性朋友们，在感情问题上要避免感情用事，要多动脑子。在现有法制社会里，没有独占性的婚外情，都不是真爱！对于那些已婚了去做情人的女人，大家问问自己，不觉得自己在做一场没有前途的工作吗？例如，有的人这边刚安抚好丈夫，刚满足了他。等他呼呼大睡，半夜三更你又跑出去见情夫，两个人再亲热温存一番，你觉得这是真爱吗？

不，这不是真爱！你只是感到饥饿而已，说不好听叫犯馋，爱偷吃。半夜三更饿了，要吃东西，不吃东西就难受。

四、要有可执行的规划

很多出轨男人都没有可执行的规划，只是对情人开空头支票，嘴上常对情人说：“我会娶你。”例如婚外情刚开始时，让情人等他一个月。后来，变成三个月、变半年、又变成一年……一年又一年过去了，拖了七八年，甚至更久。他实际上并没有任何实际规划，只是不断撒谎拖延，这都不是真爱。

五、坦诚的亲密

男人这边告诉情人自己与妻子已经有三四年没有性生活了。其实，他昨天刚跟妻子过了夫妻生活。他还说了很多其他的谎言，这就是没有坦诚的亲密。

我们可以坦诚地告诉那些情人，千万千万要记得，情夫说要逼妻子离婚，实际上，他可能从来没有跟妻子谈过离婚的事情，为的是哄你同床共枕。这种亲密关系有意义吗？如果婚外情所有的意义就是满足男人，让他逍遥快活，那你就需要为自己考虑一下了。

六、坚决的行动

没有坚决的行动，那都不是真爱。什么是坚决的行动？那就是说，出轨男人想好了，非常理性、坚定地去看待、分析自己的婚姻。如果他的婚姻该结束，他会跟他妻子谈离婚协议。如果协议不成，就起诉离婚。这是非常坚定的行动，这才是真爱。

请各位情人们记住以上真爱的6个标准，对照一下，再看情夫是不是真的爱你。也请各位妻子在面对情人的时候，也用这真爱的这6个标准去跟她谈，让她认清自己的状况。

第四节　妻子的应对方法

男人有了婚外情，妻子该如何应对呢？很多女士一听到丈夫说跟情人是真爱，就不冷静了，甚至精神崩溃了，开始怀疑自己，怀疑那么多年的婚姻都是假的。其实不需要这样，他们是不是真爱不重要，重要的是你不要被他们的真爱宣言吓唬住。

一、你要牢记每个人都曾经有过真爱

谁没有经历过海誓山盟，爱得要死要活呢？大多数所谓的真爱只是激情，而激情总会熄灭。

二、你要把注意力聚焦在婚姻问题上，聚焦在分析丈夫出轨的驱动力上

千万不要觉得问题出在自己身上，反思这里不对、那里不对，想着要改变自己、提升自己，去迎合，甚至讨好丈夫。

有一位女性来访者，她在丈夫有了婚外情后，找了几家机构咨询。他们给她的建议，都是让她反思自己，看看哪些地方做得不对？是不是跟丈夫互动不对？是不是在房事上哪里不对？或者教育孩子哪里不对？总之，通通都是这个女人不对，女人应该找自己的问题。

这样的做法等于是舍本逐末，是无法解决问题的。还有一些机构会说丈夫出轨了，是妻子不够有魅力，让她们提升个人魅力。这些遭遇背叛的妻子真的需要提升魅力吗？

我们认为，妻子们要意识到这一点：你是女人，你天然对男人就有魅力；你是妻子，你丈夫天然就对你有疲倦感。所以男人出轨，不是女人的问题，而是婚姻的问题。

三、婚外情发生了，妻子一定要客观评估婚姻、分析自己和丈夫的状况

要看明白自己的婚姻是怎么一步步走到有婚外情的，当下是不是已经到了非离婚不可的地步，还有没有挽救的可能？不弄清楚这些，就想着去挽回丈夫和婚姻，可能白费功夫。

有的婚姻根本不可能要挽回，就算没有婚外情，也迟早会走到尽头。如果评估结果表示婚姻还可以挽救，那作为妻子，你需要认真考虑你们婚姻中的危机是什么？两个人的矛盾根源是什么？有什么样的解决方案，你有没有尝试采取行动去解决问题。你也要分析自己在这段婚姻里的优势、劣势，丈夫跟你矛盾的创伤点在哪里，你们为什么没有修复？如果这一系列的工作都不做，你不可能坦然面对丈夫和他的情人，也不可能解决婚姻危机。

四、一定要进行夫妻会谈，三番五次进行会谈，按照步骤、按照节奏去谈

夫妻会谈不可能一蹴而就，有时候男人还不愿意配合。这些都没关系，每一次会谈就设置一个小目标，一步步推进。

五、先做好夫妻会谈，再进行三方会谈

每一次也都要设定好会谈的目标，设定好每一次的任务，考虑好你要说什么，你想把问题解决到什么程度。

第五节　情人应对真爱谎言的策略

站在情人的立场来看，如果情夫跟你说“我是真的爱你”，你不要一下子就冲昏了头脑。这种时候要保持冷静，用真爱的6个标准评估一下，你就知道他是否真爱你，还只是真游戏？如果他是真玩你，你就要认真考虑离开这个男人。如果他是真的爱你，那你需要做这几件事情。

一、你要评估这个男人的婚姻状况

他的婚姻到底过成什么样子，他的婚姻矛盾是什么，他在婚姻里受到的创伤是什么，他对婚姻的认知、对女人的认知是怎样的，他的婚姻管理能力好不好，他在婚姻里有没有付出。这些细节都要一一做评估。

二、你要见见他的妻子

不要只听信情夫的片面之词，你要亲自看看他的妻子是什么样的人。她是不是真的像他说的那么不堪？如果你不了解实情，就会留下隐患。做了情人，就要敢于见他的妻子，要冷静、理性地见她。你认真想想，如果他的妻子做到了80分、90分，他还不满意，都能出轨。如果你的条件都比不过她，也没有她那种舍己为人的牺牲精神，更做不到她那样谦卑忍让，那你还是离开为上。

妻子就是男人的写照，妻子活成那副模样，就是这个男人把妻子变成了那个样子的。未来你也会变成他妻子那种样子。

三、要评估自己

如果你是情人，你要评估自己，看看你到底是什么样的人。不是要你评估自己是否年龄小、皮肤好、身材好、会撒娇、会作等，这些东西跟婚姻没有关系，跟你和这个男人建设亲密关系也没有关系。你要评估自己对婚姻的认知、对婚外情的认知，评估自己对这个男人了解多少，以及自己内心到底希望什么、追求什么。如果你没有做过评估，那你就要有所心理准备了。

四、评估感情

你要仔细评估你和情人之间的感情，包括以下几点。

1. 你们这段感情是怎么产生的？

首先你要回看一下，你们这段婚外情是在哪里发生的？有些情人是KTV里的小姐，有些情人是失足妇女。如果你们是在这种场合认识的，你会觉得是自己走大运，撞上爱情了吗？才不是呢，他之前肯定去过很多这种场所。如果你们是在商会上遇见的，你以为他就只搭讪你一个人吗？只不过你恰好被他搭讪上了。

2. 这段感情满足了你什么需求？

你要反问自己，你从这段婚外情中到底获得了什么？是满足了底层心理需求，还是当下核心的心理需求？是满足了你的人生规划，还是只满足了一时的冲动？不少人做情人仅仅是出于对虚幻的爱的渴求。所谓虚幻的爱，其实就是一个人底层的心理需求，其中包含着种种人性缺陷、创伤和深层匮乏。比如说，有的女人缺乏父爱，她很可能会找一个当大爷的男人。同样有的情人也是出于这种心理找了一个已婚老男人。我们遇到过一个案例，那位情人才20岁，找的男人都快60岁了。她幼年丧父，后来的继父对她很不好，继父脾气很暴躁，会打骂她，甚至还猥亵过她。因为这样的经历，她极其渴望有一个完美的父亲。

3. 看看你们之间有什么困难阻碍？

很多情人都没认真分析过自己的这段关系，连面临的困难是什么都没搞清楚，就一股脑陷入罗密欧、朱丽叶效应，觉得唯一的困难就是情夫的妻子不放手，拉扯着他不让你们结婚。这种想法的错误在于考虑问题过于简单，而并没有认清现实。

五、评估已婚男人

很多情人并没看到情夫的局限性。不管这个男人本性如何，他既然能出轨，就说明他的婚姻管理能力很有限。婚姻出了问题，他不去解决问题，而是去别的女人身上找弥补。如果你跟他结婚一起过日子，就算娶了你，他很可能还会再有婚外情 。

还有很多出轨的男人对婚姻的认识有限，他也没有把婚姻当回事。他对女人的认知也很可能有问题，并没有把女人放在一个对等的位置。他不会认真对待女人，他觉得女人就是家庭妇女，就要听他的。那些惯在外面拈花惹草的已婚男人，你以为他爱女人吗？不，他只是爱玩弄女人。

六、评估未来

你有没有经营未来的能力？如果未来你跟这个男人步入婚姻，建立家庭，而他的前妻倒变成了情人，你怎么处理？如果他以看孩子的名义，经常回到前妻那里，你又怎么处理？如果他娶了你还不满足，又去外头找别的女人，你要怎么做？或者前妻经常来骚扰你，你会怎么办？

不少来访者都反映过相关问题。你有没有处理这些问题的能力？就算你从情人逆袭成了妻子，并不代表从此就相安无事，幸福美满了。如果你缺少评估未来、处理婚姻问题的能力，就算得到了想要的结果，最后也很可能陷入进退两难的境地。

第七章
说真爱的男人为什么不离婚

第一节　他为什么不离婚

有些男人嘴上对情人说他是真爱她，但为什么他不离婚娶情人呢？归根到底，他没有完全做到真爱的6条标准。也许他符合其中的一两条，因此本质上他的爱并不真。此外，他出轨了还不离婚还因为他有种种顾虑和考量。他会综合衡量生理、心理、物质财产、人际关系等现实层面的因素。决定是否要离婚还涉及以下几点：

一、拿孩子当借口

虽然在考虑离婚这件事上，男人跟女人想法会不一样，但实际上很多男人也会拿孩子当借口，最常见的就是说孩子太小。当然了，男人说这话的心理和女人截然不同。男人对情人说孩子太小没办法离婚，并不是他多爱孩子。他这话的意思是，孩子那么小，谁来照顾？让他妈妈带，老人无法照顾，而他又不想自己带孩子，也不想带着孩子再婚。思来想去，还是先等孩子长大了再说。

除了这一层含义，很多男人拿孩子做挡箭牌，其实指向的是夫妻关系。他内心深处对妻子还有情感依恋。我们常常说孩子是婚姻的结晶，也是夫妻双方爱情的结晶。男人看到孩子，会不由地想到妻子、想到他们曾经的感情，他有不忍之心。

二、会顾及家族和个人颜面

男人也和女人一样，会顾及家族和个人颜面。如果他的家族里没有人离婚，他会认为自己也不能离婚。也有一些男人觉得离婚是非常丢人的事，他觉得自己丢不起这个人。还有一部分男人会出于人设原因拒绝离婚，因为他要树立一个完美的形象。

三、因为离婚对他的事业不利

男人不愿意离婚，很可能因为离婚对他的事业不利。即便他不喜欢这段婚姻，但是因为他需要这段婚姻，他就会用“冷藏”婚姻的方法加以隐瞒。我们曾辅导过一位男性，他本人是公务员，如果离婚会对他的仕途影响很大，所以他不能离婚。后来他搬到外面住，还在那边有了情人。婚外情对他的事业是有影响的，他觉得现实的婚姻可以掩护婚外情，这样他两头好处都占了。

四、男人为了保住财产也会不愿意离婚

很多女人以为只有有钱男人会为了家产不离婚，其实没钱的男人同样也会做这种事情。因为没有钱，所以他更加在乎离婚造成的钱财损失。

五、有的男人会为了控制妻子而不离婚

这类男人的行径比较恶劣，实际上他们是有心理障碍症。他在婚姻里就是要控制妻子，贬低、打压妻子，从中获得心理满足。所以，即便他明明觉得婚姻不好，在外面有情人，他也不想离婚。要与这类男人离婚，往往很困难。

六、一部分男人为了父母选择不离婚

这类男人从本质上来说，还处于没长大的心理状态。父母能够控制他，控制他的婚姻。父母不同意离婚，他就没办法离。

这群人纠结离婚与否的时候，理由都是外界的因素。其实这些都是他为自己找的借口。根据心理学分析，这些男人在潜意识里也会意识到他的婚姻里有过爱情，有过依恋关系，但他们又挣脱不出原生家庭的影响，所以就困在了这种离婚与否的僵局里。

当婚姻变成了离又离不了、过又过不好的局面时，男人和女人应对的策略是不一样的。男人普遍采取的行为是出轨，相当多的男人在婚姻不幸时选择出轨。还有一类男人选择跟妻子冷战，其目的是想要控制、降服妻子，想要让妻子改变。有些男人采取冷战还有另外的原因，是疏远妻子，方便自己继续婚外情。

此外，还有一些男人会坚持单身。为了逃避争吵，不管妻子的态度如何，他一定要跟她分房、分居。也有的男人态度正好相反，他会跟妻子吵闹。夫妻两人经常吵架，不仅影响双方事业，甚至拖垮了人生。

当婚姻陷入僵局时，很少有男人反思自己的问题。他们会钻牛角尖，坚持认为婚姻过不好的原因是妻子不听话、妻子性格有问题，等等。他们不懂的婚姻也是一门学问，令自己困在问题里。

女人面对这种状况，很多人会忍受、讨好丈夫。譬如忍受丈夫的冷漠，甚至是家暴，她们总想着再试试，对他好一点，看他会不会变好。她们的父母、身边的朋友也会告诉她们，男人都是这个德行，你忍一忍、让一让，把自己打扮得漂漂亮亮的，他自然就变好了。其实这是不

可能解决问题的。

还有一部分女性面对这种情况，往往会选择忽略、冷漠。她觉得只要男人挣钱给家里花就行，就算不给钱，只要有一个完整的家庭就可以。也有一些女人则会放弃男人，而把孩子牢牢捆在身边。很多这样的孩子，到十几岁了，还跟母亲保持着共生联结，离不开母亲，这样对孩子健康成长是极为不利的。

无论是男人还是女人，在考虑要不要离婚的时候，都要用理性的方法处理。可以找专业机构做婚姻评估，看是要挽救婚姻，还是结束婚姻。我们建议大家，不要害怕结束婚姻，结束婚姻不是人生的失败，恰恰是人生幸福的起点；也不要认为离婚会丢掉家族的脸面，实际上，敢于离婚恰恰是你们家力量的展现。如果一个家庭没有力量，它就会与痛苦相伴。当婚姻走向了终结，勇于离婚，不仅是挽救自己，也是挽救孩子。所以我们说，应该要离的婚就去离，这是男人和女人追求幸福的一种选择，也是社会文明进步的表现。

第二节　他为什么不娶情人

男人向情人海誓山盟、信誓旦旦地表示真爱，但又没有要娶她的行动。经过研究分析，一般有以下几种原因。

一、他和妻子的婚姻共同体很强大

怎么判断他的婚姻共同体是不是强大呢？主要看三点：他们的感情基础；他们的婚姻发展；他的婚姻满意度。如果这三点都很好，这样的男人怎么会选择离婚呢？

拿前面小雨的案例来说，小雨夫妻结婚7年，婚前恋爱6年，他们的感情一直都挺好。他们结婚前，男人是一穷二白，后来高升了，成为一名公职人员。他们婚后买了房子，有两个孩子，家庭呈现天伦之乐，可以说他的婚姻发展非常好。他对婚姻的满意度比较高，只是觉得妻子不够完美，并不是认为她不好、不合格。根据以上三点判断，他离不了婚。

二、男人足够理智

一般如果男人处于理性思维的状态时，他不会轻易离婚。只有当他处于非理性状态下，他才容易想离婚。理性的男人多半出轨之前就抱着玩的心态，他对婚姻、对自己的认知都是清醒的。

这类男人在有婚外情之前，就知道自己不过是在外面拈花惹草。他清楚地知道自己的婚姻状况，明白他们夫妻的矛盾在哪里，该怎么解决。他也清楚地知道，他在婚姻里有忠诚的义务。他知道自己只不过对妻子有些失望、不满，他没有考虑过要离婚。他对自己也很清醒，知道自己要什么，他跟情人之间的关系是什么。

三、能够把握妻子

他发现妻子被他牢牢地控制住了。妻子没有办法跟他提离婚，妻子完全拿他没办法，因此他没有必要离婚。

四、情人被他把捏住了

情人逼他离婚，没逼成；情人一哭二闹三上吊，他也一副无所谓的态度。他看透了情人的想法，不理会她的伎俩，他不会离婚。

五、对他的约束大于突破

首先，男人的性格会决定他的选择。如果他不是急躁型、冲动型、偏执型、边缘型的性格，那他很可能就不会离婚。其次，男人的创伤也会约束他。他原生家庭的创伤、他个人成长的创伤都会导致他不敢轻易去离婚。对此情人们一定要睁开眼睛，如果这个男人的家族里没有几个人离婚，你以为他会离吗？离不了。最后，男人的利益会影响他做决定。这个男人考量种种利益关系，如果他在婚姻里获益更多，他就不会离婚。

六、失败的案例太多

如果他看到身边不少人离婚后娶了情人，日子却过得鸡飞狗跳，不得安宁，就会令他在是否离婚上踟蹰。如果他身边有很多男人跟情人结婚后过得很幸福，他就会勇敢地模仿而行。

第三节　离婚后娶情人的后果

男人为什么会娶情人？这其实是多方角力的结果。具体来分析，一位男人要做这样的选择，大致是基于以下这几种情况：

一、男人处于非理性的状态

第一种情况是他的脾气可能有问题，也可能是他过去的创伤被激发了，他没办法继续婚姻，必须跟妻子离婚。第二种情况是他处于激情状态。男人在激情的状态下，提出离婚有非理性的因素。第三种情况是很可怕的，他以前是一个被禁锢的人，跟情人在一起后，他觉得终于得到了解放。他在婚外情里感觉太美了，这样的感受彻底打开了他心里的一扇窗，他没办法继续从前的婚姻和生活了。

二、男人的婚姻体验感很差

如果一段婚姻从结婚开始，都是家庭纷争的状态，那离婚的可能性就很大。有一位来访者告诉我们，他们夫妻从结婚开始就一直在吵架。结婚时，他们背了债务，妻子就因此跟他吵。后来妻子怀孕了，也跟他吵，婆媳之间有问题依然跟他吵，甚至在过夫妻生活时也在吵。家里总是处于吵架状态，这样的婚姻还有什么意义呢？

大家一定要重视自己的婚姻质量，把婚姻经营得好一点。婚姻有质量了，就能够抵抗出现婚外情等家庭危机。如果你们的婚姻没有质量，还怎么抵抗危机呢？很多人离婚了，根本原因不在于婚外情，而是婚姻质量出问题了。

我们经常在广告中听到强调用户体验，其实婚姻也是一种人生体验。有的女性朋友哭诉自己无条件付出了那么多，丈夫还是觉得她不好。那是因为她的付出可能对婚姻质量的贡献不大，让丈夫的体验很差。

三、妻子的软弱和自卑

如果在婚姻中妻子太软弱，或者妻子很自卑，这些都容易导致离婚再娶。很多妻子软弱到没把自己当人看。有的妻子认为，只要丈夫不离婚，就随便他怎样，做什么都可以。她允许丈夫在外面随意玩乐。身为妻子，你持这样的心态，丈夫就不把你当回事。两个人要相爱，在某个层面上，彼此要觉得对方有人格魅力。你都把自己的自尊和人格扔地上了，他怎么会觉得你有魅力呢？怎么会跟你这种人有平等的爱呢？

有一些妻子因为丈夫有婚外情，就觉得自己没价值，很自卑。其实并不是这样的，原因是你们结了婚之后，你就没有体现出自身价值，比如说，你做饭很难吃；你不擅长理财，钱都赔得精光；还让恋爱时的柔情蜜意都消失了。结婚后你没有为婚姻做出应有的贡献，因此你丈夫会认为你没有价值。一个女人在家庭里没有价值，就无法保证婚姻的质量，容易造成家庭悲剧。

四、情人超越了妻子，占据了这个男人的心

情人超越了妻子，并不仅在于妻子的年龄、外貌，或者财产等方面，而是在整体感觉上情人的优势大于妻子。在男人心里，天平已经倾向了情人。否则，他很难会娶情人。别听一些男人说情人很可怜、无依无靠的瞎话。哪个男人会娶一个很可怜、很软弱无能的女人？男人也许会想保护这个女人，但是他一定不想娶她。因为人都是求生存的，婚姻的生存法则就是两个人能够互补，联合在一起变得更强大。所以男人愿意娶情人，本质都是因为他觉得跟她在一起更强大，更有利于自己的生存发展。

五、身边有成功的离婚示范

我们曾经辅导过的一位男性来访者，他的父亲因为婚外情离了婚，后来娶了情人，生活过得还可以。所以他出轨的时候，就觉得会像他爸爸一样，有一个美满结局。但实际上他父亲真的过得好吗？我们了解到他父亲的情人后来还出过轨。虽然他父亲还是选择跟她在一起，但内心却是留下了阴影。通过这个事实，我们让这个男人看到，他父亲的再婚并不是一个成功的案例。

如果一个男人身边有很多娶情人的成功案例，那他出轨后就容易选择相同的道路。但是，从我们接触的案例来看，男人娶情人的比例非常低，基本上不会超过30%，而且这样的婚姻也很难过得幸福。

为什么会如此？

首先，当婚外情的两个人走进了婚姻，昔日的甜蜜不再，他们要面

临的是现实生活，是真实的激情与现实生活的矛盾。婚外情越是激情万丈，两个人越是觉得对方各方面特别匹配，自认为是天造地设的一对，当他们面对现实生活时，幻想和现实的落差就显现了，往往会很快出问题。

其次，这时男人会把现任妻子与前任进行比较，他会将现在产生的很多无形、有形的矛盾下意识的与以前进行对比。当现任妻子还是情人时，她是站在前任妻子肩膀上的女神。妻子可能是98分，情人加2分，正好就100分。男人主观上会把这100分都看成情人的优点。

之前妻子孝敬公婆，操持家务，照顾孩子，在背后支持男人的事业，男人不觉得这是妻子的优点，他想当然地以为情人自然也应该这么好，还可以做得同样好。等他娶了情人后，她变成了新的妻子，男人却发现新人不如旧人，矛盾也就自然出现了。

实际上，由情人转变为妻子，这种角色转换非常不容易。因为在男人的意识里始终都认为她是情人，这个定位转换不过来，意味着婚后她的角色和位置也很难转换。男人认为这个情人一辈子会是那个特别懂自己，欣赏自己，支持、崇拜自己的女人，怎么结了婚之后，她却不是这个样子了？男人很难接受这一点，矛盾就会产生。

再次，出轨的获益模式与婚姻解决问题的模式有冲突。如果男人出轨了，还娶了情人，结果发现她比妻子会挣钱、会做家务、会照顾孩子，他收益很大，形成了婚外情获益模式。他就认为出轨离婚，换个妻子就能换来更好的生活。如果之后婚姻出现了矛盾，他还会出轨，还会想着再换妻子。

世界上不存在没有问题的婚姻，婚姻出问题了需要去面对，需要夫妻两人一起想办法解决。但出轨获益的男人，解决矛盾冲突的方式已经定型了，他会惯性逃避，很难长期经营婚姻。

从根本上来说，婚外情是爱情。爱情的本质是激情澎湃，它不需要持久。但婚姻不一样，婚姻的本质是日常生活，是平淡的长久。情人变成了妻子，要面对的依然是柴米油盐酱醋茶，要去满足男人的心理匮乏和心理期待，还要处理婆媳关系、亲子关系，男人和前妻的关系，等等，这些并不容易做到。

当然，并不是说男人娶了情人就一定是悲剧。如果这个男人对婚姻有反思，认真思考过为什么跟前妻会出现婚外情，认清了自己在婚姻里做得不足的地方，并做了改变，同时，他和现任妻子之间比较坦诚，双方相互信任，有正向的沟通，那他的这段婚姻也有幸福的结局。

最后，我想忠告一下已婚的男人，如果你想离婚，务必要用挽救婚姻的五个标准或者离婚的五个标准评估一下，看看自己是不是真的应该离婚。我也想忠告情人，假如你真的想嫁这个男人，你首先要看看，这个男人值不值得你托付后半生。如果真结婚了，你想要过得幸福就要努力做到这些：学习掌握夫妻沟通的法门；能够支持和陪伴他跟前妻做普通的互动；疗愈男人的情感创伤和心理创伤；学习迭代升级，提升自己的婚姻管理能力。要不然，你嫁给这个男人，最终还是会陷入他和前妻同样的模式里，很难过得好。

出轨男人的冷和逼

第八章
出轨曝光后，男人为什么会产生冷暴力

第一节　哪种男人会选择冷暴力

如果男人性格比较急躁、暴烈，或者是开朗外向，他们会直接与妻子发生冲突，争吵激烈，他们可能会说：“离婚，不过了”。这两类人多半会直面冲突，那什么样的男人会采取冷暴力的方式呢？

在婚外情曝光之后，男人会迅速从出轨的刺激感和迷醉感中醒来，进入到清醒的决策过程。他会思考选择哪一种应对方式，对他最有利？一般出轨的男人会有这几种应对方法：

第一类男人会跟妻子认错、认怂。他出轨曝光，他会向妻子认错，表态甘愿受罚。相对来说，这类男人内心比较健康，对婚姻比较重视，所以他会严肃地跟妻子认错，譬如说：“这件事情我做得不好，我做得不对，我希望你能够原谅我”。

第二类男人会激烈对抗，外在表现上，还会有语言暴力。面对妻子的质问，他们会强硬地表态：“我不管，反正我就是出轨了”。这种人属于攻击型人格，他不但不会认错，可能还会暴跳如雷，反而责怪妻子，甚至说：“我出轨没什么不对，全都是你的错”。

第三类男人会采取冷暴力。他什么都不说，实际上，他的内心很纠结。婚外情被拆穿了，一方面，他觉得很愤怒，认为妻子挑明他出轨不对；另一方面，内心深处又觉得自己不应该在外面有婚外情。他在内心进行了激烈斗争，但他什么都不表现出来，他不理会你，不回应你，他不想让你知道他的内心想法，他觉得冷战可以回避现实麻烦。

第四类男人内敛而压抑，也常常会选择冷暴力的方式对待妻子。因为冷暴力是一种压抑的方式。或许他自身有压力，也可能他过于压抑自我，无论男人出于什么原因，他冷暴力的目的很明确，他想以静制动，让妻子失去着力点，束手无策。

男人用冷暴力处理矛盾的几种成因。

一、仿效或传承

这类男人的原生家庭里充满了冷暴力。要么是他父亲，要么是他母亲喜欢使用冷暴力，也可能他父母都喜欢使用冷暴力。总之，在他的原生家庭里，家庭成员面对冲突矛盾，都是采取回避的方式。每个人的内心都有想法，但都憋着，什么都不说。在这种家庭环境中长大的孩子，内心都是焦虑多疑的，也带着冷漠疏离感。在面对自己婚姻矛盾的时候，他们也常常会采用冷暴力的方式。这种类型的伴侣会给另一方的内心造成很大压力，令之难受。

需要特别提醒大家，如果在婚姻中你和伴侣总用冷暴力的方式处理问题，那么你们的孩子也会学到这种不健康的方式。很多人都认为孩子太小不懂事，父母的事不会对他产生影响。实际上，孩子从生下来开始，就能够感知到外在的一切。甚至孩子还在子宫里时，妈妈情绪有波动，孩子也能够感受到。

二、在成长的过程中形成冷暴力

父母的养育方式会影响孩子的行为模式。有些父母对孩子也采用冷暴力，孩子不听话，他就不理孩子，用这种方式威胁孩子。曾经有一位来访者告诉我们，她念初中时犯了一个错误，她母亲当时教育了她一番，她没听。结果她妈妈居然一个月不理她。在一个屋檐下，母女两人一个月互不理睬，想想这是多么可怕的一件事情。

长期的冷暴力会让人感到绝望无助，没有出路，也会让人感到价值感很低。如果一个人在冷暴力环境下成长，他很难获得帮助，拥有能力，遇到问题很容易觉得找不到出路。这类人可能会呈现出两个极端：一种人会拼命抗争，出了问题，他跟谁都要争吵。实际上，他选择争吵这种激烈的方式，就是要摆脱冷暴力。另一种人就会重复父母的模式，也就是心理学上常说的强迫性重复。父母怎么对待他，他也怎么对待别人。

三、在亲密关系里形成了冷暴力

同样是冷暴力，但在不同的婚姻中形成的原因并不相同。有一些人从谈恋爱到结婚，在婚姻中积攒了很多问题都没有处理。两人会爆发争吵，男人偶然发现不理睬妻子，妻子反而不跟他吵了。两个人就互不理睬，也相安无事。这种情况多了，男人就会惯性采用冷暴力的方式来逃避问题。

有一些夫妻总是吵来吵去，妻子一吵架就想要赢，总要争上风。丈夫怎么也吵不过妻子，最后吵得烦死了，就冷淡对待妻子。她想要怎么着都行，他就是不回应。还有一些妻子比较以自我为中心，有了矛盾都是丈夫屈服让步，低头哄她。而她仍然不满意，丈夫只能干脆不理睬她。有的时候，男人只是想冷静处理一件事，但妻子抓着不放，总逼迫他，他只好疏远妻子。这些情况最终都会形成冷战。总而言之，夫妻起了冲突，丈夫发现采用不理会的方式可以逃避解决问题，换取片刻的安静，他就会逐渐习惯使用冷暴力的方式。

进一步来说，在婚姻中，如果有一方喜欢纠缠不清，或者以自我为中心，或者总觉得自己是真理，就会很难跟伴侣形成理性沟通，寻找到解决问题的良好互动方式。如果伴侣习惯压抑自己，两个人最后就变成了冷战夫妻。

第二节 冷暴力的心理原因

婚外情曝光之后，男人的冷暴力会让很多妻子觉得焦灼不安、绝望无助。就算睡在一张床上，两人之间也像隔着一堵厚厚的墙。这种感受非常压抑难捱，很容易压垮一个人。如果你想要打破沉默的坚冰，进行有效沟通，你需要明白男人冷暴力的根本原因和心理。

一、冷暴力实际上是男人的应激反应

他保持沉默，因为他没想到自己出轨会曝光，尤其还是被妻子挑明的，他也没想好曝光之后该怎么办，很多出轨的男人都如此，也没想好是否离婚、怎么离婚等等。他可能只是在婚姻里感到有压力，所以就在外面找了情人。

很多出轨的男人觉得自己特别聪明、特别有办法，对自己信心十足。他还觉得妻子特别笨，根本不可能发现自己有婚外情。所以当妻子跟他挑明后，他一下子就懵了，只能保持沉默。因此采取冷暴力是他的一种应激反应。

在此，我们也提醒那些习惯出轨的男人们，如果你的婚外情持续了三五年，甚至七八年的时间，你的妻子都没有发现。你不要偷着乐，你

应该感到悲哀，因为你妻子根本不在意你，她的关注点不在你身上，才没发现你出轨。千万不要认为是妻子信任你，你才没有被发现。

二、男人认为他和妻子是敌我关系而不能妥协

出轨的男人大多数都很自信，他觉得不可能被妻子发现。结果一旦曝光了，他的内心一下就崩溃了。往往此时，他会采取冷暴力。

没有人愿意承认自己失败，特别是男人在妻子面前。当出轨被曝光后，他一定会强打精神，挺起腰杆，他觉得要用这个姿势表示不会妥协。很多情况下，男人都觉得他和妻子就是敌我关系，他不能妥协。当出轨被发现的时候也是如此，他会用冷暴力捍卫自己。

三、他想要制服妻子

他完全没想到妻子居然敢当面揭穿他有婚外情，居然还敢要求他跟情人分手。尤其是那些在经济上比较强的男人，他们总认为钱都是我挣的，你还敢跟我提要求？在那些大男子主义的男人看来，无论妻子是家庭主妇，还是也工作挣钱，只要收入远远低于他，他就会觉得是自己挣钱养家，女人就应该听他的。这类男人的逻辑就是他挣钱，他是老大。

女士们一定不要掉进他们的逻辑里，被他们的强势欺骗了。大家一定要清晰地认识到，在婚姻中如果没有你们的存在，没有你们的支持，没有你们对家庭的付出和包容，男人会稳稳当当地挣到钱吗？

因为这些男人从来都没想过，正是因为妻子把家里的事情打理好了，照顾好了父母和孩子，解决了家庭的后顾之忧。他们才能够全身心发展事业。现在事业发展好了，他跑到外面找别的女人。当出轨的事情败露了，他还不觉得自己做错了，还认为妻子居然敢跟他挑明。他觉得非要收服妻子不可。当男人做出要制服妻子的这种应激反应，他会尽量收缩自己、不暴露自己，他就要跟妻子保持距离，就会对妻子冷暴力。

第三节 如何打破冷暴力

一个男人采取冷暴力，他一定不是此时此刻才如此的，这是在夫妻之间发生过的一些事情中形成的。当冷暴力出现后，要分析其中的原因，不是看现状怎么样，而是要看过去婚姻是怎么处理问题的。婚姻里的冷暴力并不是一日之寒，也许他之前表现得不明显，但是实际上他已经慢慢形成冷暴力习惯了。想要解决冷暴力，首先要了解冷暴力的形成机制。

一、冷暴力的起因是发生了矛盾

这个矛盾，不管是由于出轨直接产生的，还是之前婚姻里积攒的夫妻矛盾、婆媳矛盾，或者其他问题所引发的，总之这个矛盾出现了。所有矛盾的根本，其实在于大家在认知上存在差异。夫妻二人的想法、需求不一样，但是在处理矛盾时都想要证明自己是对的，对方是错的。

二、两人都想说服对方，说服不了就指责对方，最后形成心理防御机制

拿男人出轨这件事来说，一般情况下妻子自然会指责丈夫。他通常会反驳凭什么指责我，凭什么要受你的指责，难道你都是对的吗？我还觉得我是对的呢。两个人争吵的时候，相互指责对方，吵得多了，最后就形成了心理防御机制。这个防御机制的形成具体来说有三步。第一步，双方尝试沟通，但一方脾气很大，攻击性很强。为了避免矛盾升级，两个人先冷静一下，跟对方保持一点距离，开始冷处理。

冷处理是冷暴力的初始形态，还算是有意识的阶段。但两人的根

本矛盾并没有解决，妻子咄咄逼人地追问男人出轨的事，男人觉得烦死了，天天都是吵这件事，他就会回避妻子，不理睬妻子。这时候就进入了第二步——冷淡的阶段。冷淡的过程其实已经具有了破坏性。很多妻子无法接受丈夫不理睬她，她们会威胁丈夫，诸如“今晚你别睡卧室”“我把结婚证撕了”“明天我不给你做饭吃”。

冷淡的时间长了，就会升级到第三步：长时间的冷暴力。男人常清醒地知道自己无法处理这件事情，所以他主动做出冷暴力的选择，妻子们感到没有抓手，感到痛苦和无奈。实际上男人采取冷暴力，无论是潜意识还是意识层面的选择，他的目的很清晰，他想要控制局面，让自己获益，让妻子屈服。

当我们了解了冷暴力机制形成的过程以及男人冷暴力的目的，大家就会发现，在三个步骤中的任何一个步骤上，都可以叫停冷暴力。具体来说，譬如在第一步这个环节可以这么做：每个人都持有不同的观点，持有不同的说法。如果妻子尊重丈夫，只针对出轨的事情去谈怎么解决这个问题，而不要上升到人身攻击，或者牵扯其他问题。带着解决问题的思路去说服对方，就算对方不同意，也不会扩大矛盾。

如果遇到丈夫指责你，你可以学着从他的指责中看到他的需求，进行转换。这样你就不会也被陷入互相指责，以免从热暴力演变成冷暴力。

第三个步骤最重要，男人觉得冷暴力可以避免争吵，他从中受益了。如果你把这一步分析好，解决冷暴力获益的可能性，他就没办法继续冷暴力。冷暴力根本上是为了避免不利的东西出现。

如果你们夫妻正在进行冷暴力，怎么办？我们建议可以按照以下步骤层层突破。

第一步，直面问题。梳理出你们冷暴力的问题是什么，最开始的起端是什么。

第二步，谈关于冷暴力的目的。冷暴力造成了什么样的状况，这个状况是你们想要的吗？他有没有考虑到这样的现状。并且，冷暴力最后还可能导致婚姻出现问题。这些情况统统都要谈出来，你们就非常清楚地知道面临的是什么，这样对解决冷暴力达成共识。

第三步，你要明确自己想解决冷暴力，以及你想要采取的措施。当他知道了你的计划和做法后，容易受到你的思路影响，或者他有自己的思路和办法。这样双方在解决矛盾上就有了互动。

第四步，要让他看到，除了冷暴力，还有别的方式能够解决问题。以前你们一直冷暴力，现在能不能变成热暴力呢？或者能不能用平和的方式处理呢？你们两个人互相商量，用各让一步的方式来处理。

实际上处理冷暴力有很多种方法，它们没有优劣之分，找到适合你们的就好。最关键的是，你们是真的想解决出轨带来的冲突和婚姻危机，让夫妻双方都看到有新的解决问题的方法。

第九章
出轨男人为什么会逼妻子离婚

第一节 哪些情况，会导致出轨男人逼妻子离婚

我们在辅导婚姻问题的过程中经常听到女士们这样说：“我丈夫出轨，他不应该道歉吗？不应该跟情人分手吗？他不应该回归家庭吗？他怎么还好意思逼我离婚呢？他怎么能做得出呢？难道他就没有一点责任感，没有一点廉耻之心吗？”还有很多女士气愤地说：“他凭什么逼我离婚？他有什么资格指责我？我做得再不对，他也不应该出轨，竟然还逼我离婚。”

很多来访者都有被丈夫逼迫离婚的经历，因此她们会发出这种撕心裂肺的提问，这说明她们已经进入了二次创伤的状态。丈夫的出轨，本来就已经令她们伤心欲绝了，居然还逼着自己离婚。这样的男人良心何在？很多女性会这样看待自己出轨的丈夫，如果这么想，说明根本没有理解丈夫逼迫离婚的心理动机。没有认真去分析他逼迫离婚的目的。也不清楚，他是真要离婚，还是假装的。

我们在辅导这类案例的时候会明确告诉这些女士先认真考虑一下，

丈夫逼迫离婚是属于哪种类型。如果没有分析清楚，后面的解决思路就容易跑偏。我们可以从丈夫逼离婚这个行为背后分析出很多信息。以我们的经验来看，问题婚姻的状况千差万别，涉事男人的心理状态也不一样，具体到逼离婚这件事上，可以细分为以下几种情形。大家可以比对一下，看看自己家的属于哪一类。

一、妻子没有发现他出轨，他就不提离婚

这样的案例有很多，许多男人只要妻子没有发现他出轨，就不会提离婚，继续隐瞒以维持一种他想要的状况。表面上，他的婚姻正常，但实际上他们夫妻关系已经疏远，夫妻生活可能很少，生活中会有一些争吵，甚至可能发展到了冷暴力的状态。

但是，这类男人只要被妻子发现他出轨，往往会马上逼妻子离婚。为什么他们的态度前后截然相反？根据我们多年的经验分析他们这么做的心理，就是先发制人。他用这种方式让妻子无法有效的应对。

除了先发制人的心理，他这么做还有第二层心理动机：他要维持他的面子。他认为自己出轨后，在妻子面前的人设就崩塌了，也无法维持自己的形象，认为自己直接提离婚更有利。进一步分析的话，这里面还有第三层心理状态：他先提离婚，就有了主动权，可以胁迫妻子。

二、妻子没有要求丈夫跟情人分手，他就不提离婚。但是，只要妻子一要求他分手，他马上就提离婚

这种情况在出轨案件中很多，我们在辅导的过程中，建议妻子向丈夫提出，要他跟情人分手，她丈夫就提出如果要分手，他就要离婚。为什么出现这种情况呢？这其中的原因主要有：第一，他真的不愿意跟情人分手，他觉得婚外情给了他很多的满足。因此他提出离婚是反制、威慑妻子，让她不敢再逼分手的事。第二，他想三人行，享受一夫多妻，两个女人都让他觉得很满足，而且他也很自信两个女人都会对他不离不弃。第三，他希望看到两个女人争夺他，这样的话，他可以掌握对两边的主导权——如果情人逼迫他离婚，他就跟情人提出分手。同样地，妻子逼他分手，他就跟妻子提离婚。

有这类心理的男人非常狡猾，他想用这种方式抓住两个女人，让两个女人都服从他。这相当于引进竞争机制，让两个女人竞争上岗，看谁更听话。所以，这类男人并不是有多么地爱情人，他只是试图平衡婚外情和家庭的跷跷板。

三、情人不逼男人离婚，他就不离婚。一逼，他就提离婚

这种情况是他在安抚情人。情人逼他离婚，他总要做个交代。哪怕是装装样子，跟妻子提一下离婚。之后，他就可以跟情人说，他提了离婚，妻子不同意，他没办法。

作为妻子一定要知道，自己丈夫会用自己的方法去安抚情人，这并不代表他真正想要离婚。同时我们也提醒情人们，有时候男人也会委曲求全，为了能多享受一天婚外情，他们则会能拖多久是多久。你逼他离婚，他就跟他妻子逼一次。你不逼了，他就不动。因为他并不想真的结束婚姻，他只是在两头哄。

四、情人怀孕了

在很多案例里情人告诉情夫自己怀孕了，问他该怎么办。有的男人会回答去跟妻子离婚。他觉得这是一种负责任的姿态，给孩子一个名分。

实际上，这些男人，包括他们的情人都忽略了一点：这个男人本来有婚姻、有妻子、有孩子，他有婚外情本身就是不负责任的表现。他负责任的人设早就崩塌了，为了婚外情去离婚，怎么反倒成了负责任的好男人？

当然，也有很多男人说跟妻子不合适，妻子对他不好。他可能忘记了两人最初相爱的时候，不是挺好吗？为什么走到后面，却走不到一起呢？主要问题是他的婚姻管理能力很差。就算换了人，最后结果也一样。

我们也要提醒情人们，男人能够出轨，能够抛妻弃子，将来他们也可能做出同样的事情。你们要知道，这样的男人对婚姻管理能力很差，他不理解什么是婚姻，不懂得什么是少来夫妻老来伴，他更加不理解婚姻是阶段性发展的，婚姻也要迭代升级。任何一段婚姻要长久和睦、要白头到老，考验的是双方的婚姻管理能力，考验的是一个人对婚姻的认知。

五、男人用逼离婚来彰显自己的存在，彰显他自己的爱情

一些男人觉得自己对情人的爱已经到了真爱的程度，他沉浸在爱情的幻觉里，甚至觉得自己不离婚而继续婚外情，就是对不起情人，也对不起道德。有这样想法的男人，会抱着要为自己而活的心态提出离婚，以单身的状态跟情人相爱，这样就显得自己很伟大，显得自己非常爱情人。

六、男人觉得自己和情人是真爱，两人更匹配

有一部分男人提出离婚的原因很简单，他纯粹觉得妻子不够好，不想跟她一起过日子了；或者他觉得自己和妻子不是一个世界的人，两人不匹配；也有的男人纯粹认为自己和情人是真爱，更适合在一起。所以他们要和妻子离婚。

不管出轨男人基于哪种情形提出离婚，他们提离婚的目的无非是这几种。

第一，他要给情人一个交代。他的婚外情持续了好几年，情人逼他离婚，怎么也要哄一哄、骗一骗。所以向妻子提离婚，闹一下给情人看看。这种情况下很多情人直接找上门。她认为是他的妻子不同意离婚，所以她要站出来。实际上她被骗了，她自己并不知道。

第二，出轨的男人想控制妻子，他要给妻子下马威。事实上大多数男人都怕妻子提出离婚，他知道妻子也怕离婚，于是就先提离婚，看她怕不怕，屈不屈服，他要掌握主动权。

第三，证明自己是一个有魅力的人。一些出轨的男人自以为自己有魅力。他觉得情人爱他爱得死心塌地，妻子也拜倒在他的魅力之下。因此对自己很有自信，并不害怕离婚。他以为自己离了婚，会有很多女人要嫁给他。

第二节　男人逼迫离婚的心理

面对丈夫逼迫离婚，作为妻子，你们一定要知道，他这么做的深层心理是什么。如果不知道，你们就真的可能会被他逼疯了。只有了解他内心真实的想法和感受，才不会因为他的逼迫而乱了阵脚。

一、男人逼离婚是在表达一种不满

他可能是对情人不满，也有可能是对妻子不满，或者他是对婚姻不满，对长辈不满。不管实际上让他不满的人和事是什么，总之，他逼离婚就是表达他的不满。他心里会想，反正这日子没法过了，反正要得罪一边、要伤害一边，两相比较，还是伤害妻子风险最可控。因为就算伤害了妻子，妻子常常也不会离婚。但是伤害了情人，很多情人会选择分手，所以他还是选择了伤害妻子。

二、满足情人

他逼迫妻子离婚，主要是满足情人的需要。情人要他离婚，不然就要跟他分手。他又想保留这份感情，因此要安抚她，要给她个交代。有的则是因为情人怀孕了，他要给情人一个家。他们这么做的出发点是满足情人的要求，而不是他真的考虑要离婚。因此，他提出离婚只是一个策略。

这也导致了一种现象，很多男人为了满足情人提出离婚，最后跟妻子达成离婚不离家的协议——他离婚了，但他不离开家庭，也不会娶情人。我们建议妻子如果同意丈夫离婚不离家，就要在财产和抚养费等方面有合理的收获。

三、他想控制妻子

妻子发现他出轨后谴责他。他就直接逼妻子离婚，要看看她还敢闹吗？因为很多女人一听到离婚这两个字，就害怕了。一些男人就是抓住了女人的这种心理，用逼离婚这招来控制她们。

如果妻子逼他和情人分手，他就要离婚。他心里打的算盘就是不分手。有的男人就是要三人行。这些男人知道控制妻子最好的方法，就是只提离婚，而又不去真离婚。

四、他内心的意愿

他真的觉得婚姻不行了，糟糕透了，他对妻子已经失去了感情，他突然遇到了一个自己喜欢的人，认为是真爱。所以他要离婚，这是他自己真实的心声。

五、反制、攻击妻子

他在家里地位很高，一直都是高高在上，妻子从来都是对他点头哈腰，从来都是顺从他，不敢有半点反抗，也不敢有半点反对。他出轨了还敢威胁妻子：“我要离婚，你受不了就离，不想离就受着。”把妻子逼得不敢作声。

这些是很多出轨男人逼离婚的心理状态。还有极少部分男人属于人格有障碍，是偏执型的人格，他逼迫妻子离婚，只是去完成离婚这件事情。可能是情人让他离婚，他就一定要办到。并不一定是他觉得夫妻两人确实没有感情了才要去离婚。这种男人是以自我为中心的人，更专业的说法是边缘型人格障碍的人，这种人性情上比较冷漠。他不会考虑妻子的情感，也不考虑孩子的未来。他体察不到别人的痛苦。甚至当孩子要找爸爸，他会跟妻子说：“告诉他，爸爸出差了。”还有更狠的人，说“告诉他，爸爸死了”。如果遇见这种男人，离婚反而是最好的选择。

第三节　男人逼迫离婚的方法

根据很多案例的总结，出轨男人逼迫妻子离婚通常有以下这七种方式。

一、冷暴力

用冷暴力逼离婚，这是大多数男人会用的方式。应对婚外情曝光，他们会选择回避。在家里，他们对妻子不理不睬。冷暴力与家暴这种直接的攻击相比，冷暴力是一种无形的攻击。

二、经济控制

实际上，经济控制也可以算是一种家暴。尤其是对于全职太太的妻子，丈夫故意不给家用钱，想通过这种手段来控制钱，让妻子屈服，自愿、主动答应离婚。

三、分居

当出轨曝光后，一些男人会直接跟妻子分居，甚至干脆搬出去和情人一起住，这是非常直接的分居。还有一类男人会表现得比较隐蔽，他会生活呈现出祥和的样子，譬如有的上午还在家里扮演好丈夫、好爸爸，下午装作若无其事地去买个菜，结果人就消失不见了……原来他去伺候情人坐月子了。这也是一种分居状态。

四、离婚协议

他不断地用离婚协议来逼妻子离婚，如果妻子不同意，他会软硬兼施，用各种方式逼妻子就范。其实，他并不一定是真的要离婚，他只是想用这种方式达到自己的目的。

五、找父母、长辈

还有一些不够独立的男人会把父母牵扯进来。他对自己父母说：要跟妻子离婚。又跑去找岳父、岳母，对他们说：不要他们女儿，因为妻子太糟糕。

一个五十多岁的出轨男人，向七八十岁的岳母提出，要跟她的女儿离婚。作为成年人，他自己对离婚这种事情都做不出决定，居然还找到父母，不是太可笑了吗。

六、去法院起诉离婚

有的男人不想跟妻子吵个没完没了，有的甚至不提前告知妻子，就直接去法院起诉离婚。

七、故意斗气，刺激妻子离婚

这种男人会故意当着妻子的面跟情人打电话，甚至把情人直接带到家里。

我们曾辅导过一位女性朋友，她丈夫就是直接把情人叫到家里来吃饭。她也是很能忍耐，还给他们两人做饭。到了晚上，丈夫带着情人在次卧睡，她独自睡主卧。半夜三更，她还非常“礼貌”地去敲门，问能不能进去，她想跟他们谈一谈。

这些逼离婚的男人，这么做的根本原因，还是他们的婚姻出了问题，可能他和妻子的婚姻已经进入了倦怠期。他觉得和妻子是左手摸右手，没有任何感觉，而他在情人那里找到了感觉，认定是真爱，感觉特别好，他怎么也不愿意分手。

还有一种可能，他和妻子的婚姻过得很糟糕，要么是怨偶型婚姻，要么是斗鸡型婚姻、植物人式婚姻。夫妻两人互相厌恶了很久。于是他在婚外情里找到了完美女人，他宁愿离婚。

遇到这种情况，第一，我们要用挽救婚姻的五个标准进行评估，这段婚姻是去是留。第二，妻子要去找你们的婚姻矛盾所在，从这些方面上去分析，先不着急离婚、分手的事情。第三，你要做好夫妻会谈的准备。总的来说，最重要的是要梳理出他出轨的心理驱动力，他在外面想得到的是什么。

第四节　妻子应对离婚的策略

一听到丈夫提出离婚，很多女人就胆战心惊，六神无主；有的一直在纠缠，死活不愿意松手；有的慌乱不安，一会儿拼命挽回，一会儿又坚持要离婚。因此我们提醒大家，如果你的丈夫逼你离婚，你必须要分辨他是真离婚还是假离婚，弄清楚这点非常重要。

根据经验，当出轨男人真的坚持要离婚的时候，他会表现出这些特征：第一，他的态度很平和。他提离婚的时候态度很平静，没有太多情绪。第二，他的意志十分坚定，在离婚这件事上没有任何回旋的余地。他不是一味地抱怨、指责妻子，而是让妻子看到他要离婚的决心，以及充分的理由。第三，他的离婚方案十分明晰。他不仅是口头提出离婚，而且还有方案、有步骤地准备离婚，如考虑了财产分配、抚养权等问题。第四，他离婚的方案会尽量有利于妻子。譬如妻子要孩子，就把孩子抚养权给她；要钱财，就多给一些钱财等。之所以如此是为了更便于离婚。第五，他会积极行动，不断地推动离婚的进程。每次谈离婚协议，他都非常冷静，也不会令妻子产生情绪波动，他会主动配合修改协议内容，尽量满足妻子。如果协议离婚不成，才会上法院起诉。

总之，如果他有这些表现，那就是他真的决定离婚。

再说说假离婚，大家可以对照一下，看看自己丈夫是不是假离婚。如果男人不是真的准备离婚，他的外在表现多半是这样的：

第一，他的情绪很暴躁、很激动，他谈离婚的时候要么冷暴力，要么争吵不休，总是处在情绪失控的状态。

第二，他一阵子好好地在家里，一阵子又突然要离婚。跟妻子一会儿甜蜜亲热，给钱给礼物；一会儿又不理不睬，是一种忽冷忽热、飘飘忽忽的状态。

第三，没有离婚方案。他只是嘴上说离婚，但是也不说什么时候离婚。如果你真让他写离婚协议，他就让你写，或者干脆不理你。

第四，他嘴上抱怨，内心却渴望美好的婚姻。他嘴上抱怨，指责妻子没照顾好孩子、不孝顺老人、性格太强势，等等。总之，他有一堆抱怨，但其实抱怨的背后就是渴望，渴望妻子会改变，渴望这段婚姻会有转机。

第五，真让他离婚就怂了。有一位来访者讲过她的经历，她丈夫跟她吵得很凶，闹着要离婚。她当场说下午就可以去办手续，紧接着就在家里翻箱倒柜找户口本、身份证、结婚证。等她把这些东西都翻出来了，她丈夫不见了，不知道跑哪里去了。她打电话给他，他就推脱说下午没空，他很忙，改天再说。

通过这些上述总结，大家就会知道他的意愿是真实的，还是假的。曾经有一位来访者告诉我，她的先生一直说要离婚，已经说了两年多。可是，他既没有拟离婚协议，工资卡也一直留在妻子那里，他还会给妻子做饭。实际上他并不想离婚。

不管男人的态度如何，关于离婚这件事，最重要的是确认这段婚姻是不是真的必须离？这类案例我们请大家，先看看以下几点再做判断。

第一，夫妻两人有没有意愿让婚姻维系下去？

如果你没有意愿维系你们的婚姻，但你丈夫却很想维系，那也是有价值的。不过，需要弄清他维系的目的，是只想维持婚姻的外壳，还是想把婚姻过好？如果他只想要一个壳，那你要想好对策。

第二，夫妻之间的矛盾能不能解决？

现实中婚外情的问题十有八九能够解决，父母干涉、生育问题、生活习惯等的矛盾也容易解决。但有一些问题很难改变，如果男人本来就是一个不思进取的人，结婚后，他变得积极向上的可能性很低。如果男人有家暴、赌博这类的恶习，那么婚姻生活不幸的可能性很高。

第三，你们的婚姻质量如何？你们双方的满意度怎么样？

你们在物质上、生理上、心理上、精神层面上满足吗？你们对自己的个体发展满足吗？当然并不是需要全面满足，至少有一项你要觉得满足。另外，我们考虑婚姻的质量可以通过时间轴的观念进行，可以看到整体上呈现出的状态，而不是说因为当下有了婚外情，这段婚姻的质量才不好。

第四，你们的婚姻发展怎么样？

婚姻发展这个概念比较抽象，衡量婚姻的发展要看你们的财富有增长吗？有养育孩子吗？孩子教育得怎么样？你们有没有共同的社交圈、共同的产业等等。这些东西都属于你们婚姻的发展共性范围。

第五，你们的婚姻继续下去，会不会出现更严重的问题？

如果你们的婚姻继续下去会出现更严重的情况，例如你的人身安全受到威胁，你的财产保不住，那就可以结束这段婚姻。大家常说，离婚的时候看人品，实际上离婚不是看人品，而是看这个人的心理状态。有些人有心理障碍，他就可能做出一些伤害人的事情，这是大家要特别小心的事情。

是不是真的要离婚，可以按照离婚冷静期的方案先申请离婚，没有问题的，让双方先冷静一阵子。我们冷静了之后，还是要回到婚姻的本源上，勇敢地面对婚姻问题。如果你自己解决不了，就找专业的人士帮你解决。如果我们做了很多努力，确实还是不行，那么就离婚。

婚姻不易，且行且珍惜。一段幸福的婚姻，绝对不是理所当然得来的，大家都是一路披荆斩棘，一路提升自己管理婚姻的本领，才有了美满的家庭。只有努力学习婚姻管理，不断迭代升级，才能够真正让自己的婚姻过得幸福。

第十章
在哪些情况下男人会娶情人

第一节　遭遇婚外情后，哪些婚姻会走向终结

男人会在什么情况下娶情人呢？每当让妻子们考虑一下这个问题时，很多人会抓狂，要气炸了。但是要处理好这个问题，如果不学习相关知识，拿出应对方案，就不明白你丈夫会在什么情况下娶情人。一旦他决定真的要娶情人的时候，你就手足无措了。只有你懂了他的小心思，你才能判断他玩的花招是假动作，还是动真格的。要不然你就会被他拿话吓住了，任由他肆意妄为。

因为你不知道他到底是不是真的想要离婚，是不是真的想要跟情人结婚。所以你才恐慌、害怕，拿他没办法。因此，妻子们一定要了解男人在什么情况下会娶情人。如果你在丈夫出轨后不提前掌握相关知识，你就不会明白自己丈夫究竟因为什么事情发展到了婚外情；你也不会知道他在婚外情里到底要得到什么；你更不会明白自己的婚姻到底出了什么事。

也许，你理解的只是他不爱你了，他遇到真爱了；也许，你认为

只是你人老珠黄，你性格强势……其实这些都只是他找出的“普世理由”，并不完全是婚外情的真相。婚外情可以最真实地反映出你们的婚姻出现了什么问题。认清了这一点，才能弄懂婚外情到底是怎么发生的，才能明白男人到底想要什么。

根据我们多年的从业经验的统计来看，发生婚外情的男人，85%以上都不会离婚，只有极少数的人会选择结束婚姻。为什么这一小部分人的婚姻会走向终结？根本原因并不在婚外情，而在婚姻里。事实上，如果存在以下这些问题的婚姻，很难抵抗婚外情的冲击。

一、夫妻感情基础薄弱

有一个案例，一对夫妻结婚三年，在结婚半年之后，就开始频繁吵闹，占据了家庭生活的很多时间，他们的感情能好嘛。他们两人并不是自由恋爱，而是通过相亲介绍认识的，因此缺乏培养感情的先天基础和长期积累，加上常年争吵，感情基础就很难夯实。这种情况下，无论谁发生了婚外情，都会对情人的感觉很激励，离婚的可能性就很大。

二、婚姻发展停滞不前，婚姻里矛盾重重

还是这对夫妻，他们结婚半年就开始争吵，紧接着妻子怀孕，有了孩子。因为育儿问题，婆媳之间又发生冲突，这个男人夹在中间受夹板气。因此，这样的家庭状态，发展婚姻的条件很差。两个人结婚三年，双方事业没有提升，也没有赚到钱。两人的婚姻，虽然收获了一个孩子，但是还因为这个孩子产生了更多矛盾，婚姻问题严重。

三、婚后满意度很低，两个人相互伤害

两个人进入婚姻后，经常互相抱怨和指责，令家庭缺乏温情。曾经有一对夫妻，因为丈夫从事心理咨询工作，经常会晚归。妻子不但不

理解、不支持丈夫的工作，还经常说风凉话。譬如丈夫告诉妻子晚上要陪客人，妻子开口就讽刺的口吻：“陪什么来访者，天天陪也没见你赚到钱”。后来他们还是离婚了。这种情况下，他们婚后也很少有夫妻生活。夫妻要有健康的性生活，也是为感情加油，减缓两人的对立情绪。这样低质量的婚姻，很容易发生婚外情。

四、婚姻中的矛盾冲突没有解决，积累了很多问题

如果夫妻之间已经积累了很多矛盾，比如两人作息习惯、卫生习惯不同，男人抽烟、工作应酬太多等，当这些问题还没有解决，又产生了婆媳之间的矛盾，婆媳闹得不可开交，再加上孩子的抚养问题，家里好像没有一刻消停下来。这样的婚姻还能够坚持多久？就算没有婚外情，也持续不了多长时间。

五、夫妻关系恶化，双方情绪崩溃

有一些妻子知道丈夫出轨后，往往就会吵架，令大家的情绪崩溃。抛开出轨这种情况来说，在婚姻中，如果两个人或者其中一方的情绪时常不稳定，那这也容易导致婚姻出问题，就像一座危房一样存在隐患。一旦出现让夫妻关系恶化的大事件，例如出轨或者亲子问题，婚姻就很容易轰然倒塌。

六、重大事件的发生加速家庭矛盾的恶化

夫妻之间可能互相隐瞒了一些事情，但如果因为其中某个重大事件的发生，突然一下子都暴露出来了。男的提出离婚，结果妻子又发现他有婚外情，还发现了情人等种种细节。之前隐藏的事情，一件件曝光，家庭矛盾就全面爆发了。这样的重大事件对家庭的冲击和伤害极大，足以从根本上摧毁婚姻。

除了上面提到的这几点原因，离婚也跟人的性格有关。夫妻两人的性格也会影响婚姻的走向。俗话说，性格决定命运。性格决定了一个人会选择怎样的人做伴侣，也决定了他处理矛盾冲突的方式。这些要素也会影响他婚姻的结局，不一定与出轨有关。

第二节　出轨男人许诺娶情人的心态

出轨的男人往往会跟情人表决心，信誓旦旦地说自己离婚后，要娶她。情人一听这话容易当真。而妻子却因此焦急愤怒，跟丈夫吵得不可开交。情人则是喜出望外，幻想着未来和男人白头到老，她们没想过这话的真假，也没认真考虑过男情夫为什么会这样说。事实上，出轨男人许诺娶情人是很常见的现象。他们给出这样的承诺，多半是基于以下想法：

一、激越表白

实际上，80%～90%的出轨男人都会说要离婚去娶情人，但是真正会这么做的人却极少。“我爱你，你是我生命中的唯一，我会离婚娶你。”“要是早遇到你，我肯定娶你，不可能娶她了。”这些都只是出轨男人的激越表白，并不一定代表他的行动。他们之所以这么说，只是为了稳住情人。

二、激情的承诺

他和情人已经翻云覆雨了，并且处在婚外情的巅峰，他就用承诺来保住这种激情。美国心理学家斯滕伯格的爱情三角理论认为，爱情由三个基本要素组成：激情、亲密和承诺。至于婚外情里的承诺，我在前面加了一个形容词，叫激情的承诺。男人们这时说的离婚、娶情人，其实就是这种激情承诺。

三、随口说的安慰话

婚外情持续了一段时间后，情人往往会问情夫会不会娶她。这时男人往往会承诺先离婚再娶她。而实际上此时他们更多只是随口一说，不能信以为真的。很多情人却真的认为男人会离婚娶自己，真的是欠思量。

四、丈夫为了安抚情人，被迫给出承诺

在很多案例中，情人都会跟男人提出要他去离婚的要求，如果男人不离，她要公开婚外情，去他的家和单位闹。男人往往此时一边承诺要跟她结婚，一边去向妻子提离婚。我们的一位客户，她的丈夫是公职人员，身份比较敏感。他的情人就抓住了这一点，威吓他，这个男人被迫无奈提出了离婚。

五、给情人一个交代，不得不提出离婚

当婚外情到了山穷水尽的时候，有的情人会情绪失控，情人觉得无所畏惧了，一定要有结果。情人在这种状态下，可能还会做出攻击性等极端行为。此时，男的不得不提出离婚。如果不稳住情人，他们担心会出事。

这时很多妻子觉得丈夫许诺娶情人了，自己的婚姻就要危险了。其实不完全如此，这个时候我们要勇敢面对现状，区分婚姻现状与婚姻质量这两个概念。

婚姻质量是指从谈恋爱到发生婚外情之前，家庭的婚姻质量具体是指你们的感情基础、婚姻发展，婚姻满意度，以及婚姻里的矛盾、冲

突等。而婚姻现状是指现在婚姻的情况，一方出现婚外情，丈夫在逼你离婚，他要娶情人……我们一定要区分这两个概念，婚姻的现状不表示婚姻会结束。我们要分析婚姻的现状是由什么导致的？当我们找出了原因，就能够更好地调整思路，找到解决的办法和路径。

第三节　哪类男人会娶情人

很多妻子会认为丈夫的婚外情只是一时冲昏了头脑，早晚他们会分手。他们不愿意设想丈夫可能真会提出离婚去娶情人。因此如果我们不知道哪类男人会娶情人，就没办法判断他们的动机和行为。那么，哪些男人会真的娶情人呢？

一、理性的男人

有的出轨丈夫虽然离了婚娶了情人，我们不要认为他是为了真爱离婚。实际上他应该是对情人做了综合评估后做出的决定。他的情人的外表、学历、为人处事能力，以及她能否与他的父母、孩子相处融洽等……他都理性分析，当他觉得情人的条件不错，才会娶她。不过根据统计，这类理性的男人离婚的概率不会超过5%，还是很低的。

二、软弱的男人

这类男人一般都没有自己的主见，情人可以逼他离婚，妻子也可以逼迫他离婚。情人逼迫他与她结婚，他就照办。等前妻逼迫他复婚，他又去复婚；他可以这样反反复复，左右摇摆。

三、激情的男人

这类男人不顾他人的感受，只知道满足自己。当他在婚外情中得到了极大的满足，感情达到了巅峰。他觉得自己不娶情人的话，整个人就受不了。因此他不管别的，先娶了情人再说，甚至不少人不是第一次离婚。

这类男人觉得离婚无所谓。他的嘴里每一次都说是真爱。其实，这世界上哪来这么多真爱呢？他不管自己的婚姻现状如何，就是要娶情人。等婚后没多久，他又激情迸发，遇到小四、小五、小六……上演一出出离婚、结婚的戏来。

四、心里有创伤的男人

有一些男人因心理上有创伤，当遇到情人时，刚好满足了他特定的心理需求，能够疗愈他。这时，他们也极可能会离婚、娶情人。如果妻子不能解决丈夫的心理创伤，家庭婚姻就不太稳定，很容易出现婚外情。

五、偏执的男人

这类男人很容易被人误以为他们有责任感。他们往往会说，自己承诺过要娶情人就必须要做到。哪怕他明明知道跟情人并不一定过得好，哪怕情人还怀着别人的孩子，他也坚持要娶她。这种人其实是偏执型人格，如果他真的是负责任的男人，为什么不对自己的婚姻、妻子和孩子负责呢？

总的来说，那些离婚、娶了情人的男人，都有一个共同点：他们的婚姻本来就出现了危机。他和妻子的关系已经很差了，两个人的习性在很多方面都格格不入，夫妻之间的情感已经很淡漠，丈夫早就想要离婚了。刚好找的情人非常合他的心意，也符合他对未来生活的期待，他就会和她一起迈入了下一段婚姻。不过实际情况来看，那些出轨的男人在离婚之后娶情人的不多，大多数婚外情并不能修成正果，成功的只是极其少数的特例。

第四节　哪些情形会促使出轨男人娶情人

只有当我们了解了出轨深层的心理感受，才能够认真地分析，他在什么情况下才会娶情人。一般来说，如果出现了以下几种情形，男人极可能会离婚，投向情人的怀抱：

一、情人已经让男人觉得欲罢不能

这种情况不仅仅是激情，而是他跟情人在一起感到很舒服、很放松，类似于一种痒痒被人挠到了、挠舒服了的感觉。理论上就是这个男人的创伤需求被情人满足了。哪怕他们之间也有矛盾，仍然不会让他们分手。因为他们能够把它解决了，而且还解决得很好。因此，他们两人每一次的矛盾冲突、化解，都增进了彼此的了解，增进了彼此的情感需求和依恋关系。

这种情人非常少见。大家也不用担心，这种情人很难遇到，因为匹配度太低了。不要说情人，在现实中，这样的妻子也很少见。实际上，一般人很难看到并满足伴侣的创伤需求。通过系统学习婚姻管理知识，我们就可以分析并找到解决创伤的需求。

二、情人能够安抚他受伤的心，慰藉他，能够真正地让他平复下来

有些男人的婚姻生活留下了累累伤痕，再加上婚外情、离婚等重叠

在一起的各种折腾，此时，情人能够真正地理解他，体会他的感受，陪伴他，协助他解决问题，让心力交瘁的他感觉到安心，得到支持。

三、情人更匹配男人的未来规划

如果这个男人未来要发展事业，而情人正好有资源，或者能够跟他一起创业打拼，他们可以共同奋斗，共同创造想要的一切。那么男人可以很清晰地预见到他们的未来会更美好。

四、男人审视妻子和情人，发现情人更匹配自己

在婚外情持续时，或者离婚之后，男人都会审视这两个女人。如果他发现情人跟他不匹配、比自己妻子差很多，他绝不会娶情人。大家一定要知道，出轨男人娶情人是因为他真的觉得情人远远超过妻子。这是在他离了婚、冷静下来之后审视的结果。

但是，大多数男人离婚之后，他对婚外情的热情往往会从100度下降到80度、70度，甚至60度。这时他们看情人就不再是完美的女神了，反而会觉得她原形毕露。所以，大家不需要过分惧怕离婚，当你们和丈夫离婚之后，他们的情人不一定就能够达到你们婚姻的成果。

五、他们对未来自信满满

如果出轨男人对婚外情的未来感到很灰暗，他们就不会娶情人。如果他对自己的未来感到悲观，他也不会娶情人。有些男人对自己的未来缺少信心时，他们往往会选择离婚不离家。还有的男人如果他之前答应过净身出户，离婚时会多要点钱财。

只有自信满满的男人，他才可能娶情人。这种自信源于三个方面：一是他对情人很有信心。他相信情人就是他千辛万苦寻找的最佳伴侣；他也相信，情人能够协助他一起处理好他与前妻的关系，处理好他的财

产和他们的婚姻关系。二是他对自己的事业很自信，他不担心离婚会影响自己的事业和收入。如果男人觉得离了婚，离开自己的妻子，他的事业会糟糕透顶，他就不敢离婚。我案例中的很多婚外情男人，他们嘴上说事业无所谓，做好了离职的准备，当真让他们离婚的时候，又退缩了。三是他对第二段婚姻有自信，他觉得自己和情人缔结的婚姻会很好，他们会花前月下，继续浪漫，他们会生儿育女，幸福生活。

当丈夫真正想娶情人的时候，他会做一些思考和分析。这可能是出于他的一种直觉，也有可能是他的理性分析。如果他认为他和情人会继续携手共进，他们的婚姻会很好，不担心任何矛盾，那他就极有可能会娶情人。

第五节　男人想要娶情人，该怎么办

很多妻子面对丈夫出轨，要么忍气吞声，要么就跟丈夫冷战。还有的女性会通过转移注意力，如忙家务或者忙事业，不让自己去想丈夫出轨的事情。但这样并没有解决婚外情，时间久了，男人甚至还想离婚、娶情人。面对这种情况，大家应该要理性，不要一味逃避或者压抑自己，而是要勇敢面对。有以下几种方法供大家参考：

一、勇敢面对离婚

很多男人有了婚外情后都会对妻子说夫妻之间已经没有感情了，不想继续过下去了，他想离婚。或者威胁妻子必须同意离婚，不同意的话，就不回家；不同意离婚，就不给家用；不同意离婚，就上法院起诉你；不同意离婚，就不理睬等。

如果他跟你谈离婚，你就要明确告诉他，可以跟他离婚，你根本不怕离婚，不担心没有钱，没有人爱。你也不担心孩子的教育问题，你什么都不担心。他要离婚就离婚，但是他要继续脚踩两只船是不可能的。

我们建议来访者，不要跟丈夫说要挽回婚姻，错在他们，不需要挽回。你们首先要做的是挽救自己。在这样的状况下，你不能委屈自己，不能就这么忍耐，就是要对婚外情说不。

当你勇敢地面对离婚的时候，你们的丈夫就没办法用离婚来逼迫你、恐吓你了。

二、勇敢面对丈夫出轨这件事情

很多妻子都不敢面对丈夫出轨这件事情，总觉得他要是跟自己离婚了以后生活该怎么办？譬如影响孩子的成长等。当你们不敢面对这件事情的时候，就会忍也忍不过去，闹也闹不好。你不如直接跟丈夫谈：你要离婚，要娶情人，这些都行。问题是这个婚有没有必要离？以及你能否与情人分手？这两个问题确定了，其余的都好办。

三、勇敢面对丈夫的逼离婚

男人有了婚外情，最常做的一件事情就是逼妻子离婚。他想通过离婚来威慑、恐吓妻子，让她害怕慌神。所以为了维护自己的利益就一定要勇敢地面对离婚，离婚就要拿到应得的财产。

他如果要逼你离婚，你就让他列出十条离婚的条件，如果触犯了这些条件就必须离婚，还要列出离婚后绝不后悔的事情，谈清楚离婚的要求。妻子们一定要敢于做甩手掌柜，可以直接对他说：孩子都归他，以后孩子的抚养由他负责。不用强行把孩子带在身边。

四、勇敢面对情人上门

很多妻子都有过情人找上门的经历，一些人不敢面对，就躲着，或者装没看见。如果情人直接找上门了，至少你要知道她为什么找你。很多时候，情人之所以找上门是因为她感到绝望了。男人说好要跟她结婚，都过去这么久了还不离婚。她很着急，所以才自己亲眼来看看。如果她来了，我们没必要躲躲藏藏，开门欢迎她到家里做客；如果她是通过打电话，我们可以问她打算将来怎么办，有没有想好怎么培养私生子；如果她敢威胁、恐吓你，就告诉她，马上报警……没有什么好害怕的。

还有一些情人很自信，直接上门逼情夫的妻子离婚。面对这种情况，我们可以直接告诉她，离婚可以，孩子都归她抚养，还有财产也要分自己等。只要你勇敢地面对她，后续的事情就好办，接下来可以进行夫妻会谈、三方会谈，让她了解真实的情况。

五、勇敢接受老公与情人分手、回归家庭

有的时候丈夫与情人分手了，要回归家庭，很多妻子往往很难接受，也不相信他，还会觉得很麻烦。实际上，这是一种错误的认知。这时候，我们一定要非常的有底气。

丈夫要回归家庭，不要管他是真心，还是被迫的，或者他只是安抚你，回归后又会出轨，你都可以直接告诉他，无论他是因为什么原因回归，是否确定与情人分手了。是否确定要回家。无论他说什么，都要让他认真思考后再答复，因为妻子还是对丈夫的性格有把握的。

综合上述，如果丈夫说要娶情人，妻子就要勇敢地面对这件事情。勇敢的本质，是我们要接受自己、爱自己。不管我们选择离婚，还是重建婚姻，我们都能够保持理智，拿出方案，并一步一步去落实。

第十一章 妻子逼离婚，出轨男人的心理反应

第一节 那些说妻子、情人两个都不要的男人

有些出轨的男人在面对妻子逼离婚的时候，会说妻子和情人都不要了。往往是妻子先就慌了，使劲猜测丈夫的心思。实际上就是无论这些男人是怎么想的，妻子的心理很明显，她不想离婚。根据我们的经验，如果丈夫出轨了，妻子总想先琢磨清楚他的心理，再采取策略；总想等他先出手，自己再应对；这样做只能一直令自己处于被动的状态。在婚姻中，如果你总处在束手无策的局面，你就不会有主导权，因为你自己放弃了选择权。

如果女性总处在这样的心理状态下，那还怎么挽救婚姻呢？还怎么治理婚外情呢？

小凤的案例就很能说明这一点。小凤和丈夫结婚13年，育有两个小孩。她找我们做辅导的时候，她丈夫的婚外情已经持续了四年。小凤刚开始发现丈夫出轨的时候，丈夫答应她会跟情人分手，回归家庭。此后，他回家更早了，给的家用钱也更多了。小凤就以为他是真的和情人

分手了。结果过了一段时间，小凤发现丈夫的婚外情还在继续。她很愤怒，带着娘家人把丈夫和情人抓了个现行。当时，丈夫的情人说她是想分手，是被小凤的丈夫缠得没办法才在一起。小凤丈夫也承认了错误，写了保证书，还下跪抽自己耳光，并把家里的钱财掌控权都交给了小凤。结局也算皆大欢喜，当时风波过去了。但是，回到家里后，她丈夫却大发脾气，砸东西，说小凤娘家人欺人太甚，完全不顾及他的尊严。他没办法和小凤过下去了，要和她离婚。小凤吓坏了，害怕他真的离婚，就主动把财产权还给了丈夫。

因为小凤的妥协退让，她丈夫又去找那位情人。而情人却要跟他分手，让他不要再找自己了。她丈夫各种请求情人，不愿意分手。甚至在冬天夜里整夜守在情人的楼下，气温在零度以下。情人看他很可怜，也觉得他爱得很真诚，就答应复合了。后来，这位情人怀孕了，就逼着男人去离婚。男人只好去逼小凤，小凤坚决不同意离婚。

虽然事后情人妥协了，把孩子流掉了，再后来并提出了分手。小凤丈夫不同意，就故伎重演又逼小凤离婚，并且还去法院起诉离婚。法院没有判决他们离婚，他拿着判决书给情人看，证明不是他不想离婚，是法院不同意。就这样，他们又在一起了。如此这般两个人分分合合，折腾了四年，弄得小凤苦不堪言。

小凤在我们这里接受辅导后，知道了治理婚外情必须要勇敢面对，不用害怕离婚。可能是小凤真的对丈夫绝望了，她主动向他提出离婚。与此同时，小凤也给那位情人打电话，告诉了她自己的决定，并请她也一起逼着丈夫离婚。那位情人也挺配合。这么一来，她丈夫反倒害怕了。结果他就撂挑子说两个女人都不要。

可能有人会觉得我们让小凤与丈夫斗争，事情搞复杂了，扰乱了小凤的婚姻。实际上在辅导过程中，我跟小凤仔细分析了她丈夫是什么样的心理，离家出走又有什么样的目的，并准备好了相应的对策。后来小凤按照我们的意见，给丈夫发了一条短信，当时他也没有回信息，好像石沉大海一般。然而，一周之后，他主动回到了家里。

小凤的经历足以说明，出轨的男人只有在经受压力后，才会彻底结束婚外情。否则，他只会哄骗。出轨的男人好像把两个女人当作“鬼”，他自己是掌权的阎王爷，让两个小鬼斗得天昏地暗，分不清东南西北，连自己的身份都搞不清了，于是就能把两个女人牢牢地控制在手心。

这些嚷嚷着两个都不要的男人，到底是什么样的心态呢？他们并不是真的要放弃。他们既舍不得离婚，也舍不得结束婚外情。就拿小凤的丈夫来说，他的婚外情持续了四年，如果他舍得离婚，他早就离了。小凤发现他出轨的时候，他就说跟情人分手。后来，小凤娘家人抓到他们在一起时，他又是下跪认错，又是主动交出财产权。这些事情都说明他舍不得离婚。另外，他也舍不得和情人分手。婚外情又新鲜又刺激，他两个女人都霸着，享受着三人行，他怎么舍得放手呢？

另外，他离家出走，声称谁都不要了。这并不是他真的放手了，而是他发现这样就能收服两个女人。之前的四年不都如此吗？他发现用威胁的方式，就能平衡这两个女人的关系，找到了让两个女人变乖的方法。他撒手不管，其实就是故伎重演。

通过这个案例，说明一旦出轨男人找到了威慑你、控制你的方法，你一定要打破它。如果你不打破它，麻烦就不断。实际上，情人和妻子都有一个共同点，就是沉默成本太大，而妻子的沉默成本更大。就像很多女性说的那样，多年婚姻，自己要抚养孩子、要照顾家庭，人老珠黄了，好日子没过上，还要去跟婚外情战斗。情人付出的成本也很大，多年婚外情到底得到了什么？很多人既没有得到未来，还耽误了多年青春。

还有一种情况，有一部分男人撂挑子，是因为没办法在妻子和情人中做选择。他太难选择了，妻子他想要，但是妻子逼他离婚；情人他也想要，但是情人也逼他离婚，他该怎么办呢？好像只有离婚一条路。但他不想就这么离婚，于是他就想着干脆不理两个女人。他觉得她们没有了他就活不成了，自然会妥协。事实上，男人在重压之下选择回避的驱动力在于女人的反应。因为他回避后，两个女人反而更讨好他。

从心理层面来看，这种男人内心的力量很弱小。如果他内心很强大，既然那么爱情人，情人又那么年轻，又愿意照顾他的孩子，为什么他不跟妻子离婚呢？他知道娶了情人，恐怕还是过不好；他也知道自己没有勇气跟妻子离婚，内心割舍不下妻子。这个男人内心的力量如此弱小，无论是离婚还是分手，他都做不到。当妻子、情人都逼他做了断时，他只能两个女人都不要了。

针对这样的出轨男人，你必须要和他斗争。只有斗争，才能激发他去做决定，真的去解决婚外情的问题。要斗争，妻子们到底该怎么做呢？有以下方法可以参考：

一、你要支持他的决定

如果丈夫提出他既不要妻子，也不要情人时，妻子可以答应，你还要把侧重点放在他不要情人上，他确定也不要情人就足够了。作为妻子，你要一步一步来，不要急也不要忙。就先达到这一个目的，而且你一定要不断去强化这一点。

二、你不要恐惧他提出离婚

如果他真想要离婚，他早就跟你离婚了。他都能被情人逼得上法院起诉离婚，他为什么不接着再次起诉呢？他为什么不直接把你这个妻子扫地出门呢？因为他期待法院判不离婚，你要明白他内心深处并不敢离婚。

三、要求三方会谈

既然他说两个女人都不要，那就让他跟你们两个女人一起进行三方会谈，目的就是要把出轨男人虚伪的嘴脸撕开，让他的情人看清这个男人的德性，让她真正意识到，让这个男人离婚再娶她是多么艰难、多么无奈的事情。

很多情人一直认为她爱的男人是英雄，一直认为是他的妻子不同意离婚。我们坚持三方会谈的目的就是要让情人知道，不是妻子不愿离婚，是他不想离婚。

四、男人离家出走，你不要找他回来

出轨男人离家出走，大多数妻子都会到处找他。你为什么要找他呢？他一个大男人不会照顾自己吗？如果他真不回来，你等一个星期、两个星期再去报警也来得及。但是有一点要注意，千万不要断了与他的联系。

五、主动跟他谈离婚

既然两个女人他都不要，如果情人借此跟他分手，你正好借此跟他谈离婚。你不要害怕离婚，而要让他意识到你敢于离婚，要让他感到你已经跟过去不一样了。过去你恐惧离婚，现在你已经做好了离婚的心理准备。

根据我们的经验，妻子一旦有勇气、有底气，出轨男人玩的那些威慑、压制女人的花招都会失效。所以，不管在婚姻里经历了什么，哪怕是婚外情，妻子们都不要畏惧退缩，而要有勇有谋，捍卫自己的权益。

第二节　同意离婚，却无下文的男人

在我们经手的婚外情案例中，大多数情况下妻子都不愿意离婚。她们找了很多不能离婚的理由，例如婚姻不易，她对丈夫还有爱；孩子太小，需要爸爸；她是家庭主妇，又人老珠黄，离婚后没人要……总之她不能离婚。

出轨的男人最希望妻子不愿意离婚，这样他就可以明目张胆地欺侮你，他既不离婚，也不和情人分手。你就拿他没有办法。有些妻子告诉我们她已经提出离婚，他也同意了，但却没下文了。这时我们会问她们是不是真的打算和他离婚呢。

譬如你跟他闹离婚，闹得家里鸡飞狗跳，你丈夫会怎么对待你呢？他回到家里拉长着脸，可能与你冷战，可能懒得理你，或者他答应你离婚，接着就离家出走。他认为自己不在家里，拿他没办法。敢跟他提离婚，他就不给家里钱。甚至连孩子都不看，也不搭理岳父岳母……这样你可能就慌了，就会犹豫还要不要跟他离婚。

有的情况是丈夫同意了离婚，但也没有行动，也有些妻子不理睬丈夫。她认为各过各的，如此正合他的意。男人此时最希望你们不理睬他，不逼着他选择离婚或者分手。

你跟他提离婚，他明明也答应了，为什么就没有后文了呢？以我多年辅导的案例来分析，如果妻子没有发现他出轨，70%～80%的男人不会主动提离婚；等到妻子发现婚外情，仍有70%～80%的男人不会提离婚。也就是说绝大多数出轨男人不想离婚。他答应离婚也只是缓兵之计，想暂时稳住局面，所以，他也不会有下文。

我们要知道，在有婚外情的男人中，真正想要离婚的占比不会超过

30%。一些男人虽然跟妻子说要离婚。其实，他是骗人，是明修栈道，暗度陈仓。这些男人心里是怎么想的？他为什么要撒谎呢？

一、他在试探妻子的反应

他说离婚又不行动，就是在跟你装傻充愣。实际他在试探你的下一步行动。如果你不再坚持离婚，不再跟他确认离婚的细节，他就知道其实你害怕离婚。他就从试探变成坚定，他就不离婚，也不分手。他觉得大家这样在一起过挺好的，他要三人行。

二、边斗边分，也是难分难舍

虽然他和妻子产生了冲突，他也要看看这个冲突到底有多大。如果谈离婚没下文，妻子们往往会追到他的单位，去找公婆，这是最常见常规的方式。丈夫看到妻子这么闹腾，也觉得拖着不行，他在压力之下才会做出调整，他由不愿意分手，到了边斗争边分手。有些男人在此过程中，会假装分手，继续暗度陈仓。

三、他对离婚虚与委蛇

不管你怎么跟他闹，他也不推进离婚。你真的铁了心跟他离婚，他又会对你说离婚不离家。这种情况下有很多妻子会同意。

男人不愿意同妻子离婚，也不愿与情人分手，或者一边假装同意离婚，一边继续婚外情，我们要跟他们展开斗争：第一步，你要告诉他如果他不想离婚，就必须与情人分手。如果要离婚，就办手续，不需要拖着。第二步，你告诉他对他的婚外情不会罢休，不可能让他享受婚外情。

他假装同意离婚，但却不愿意与情人分手，是因为你没有给他足够的压力。你给了他足够的压力，他自然知道要么他必须分手，要么他必须离婚。我们要做好离婚的心理准备，跟他斗争，让他早做决断，不给他拖延的机会。

第三节　男人为什么会离家出走

有的情况是妻子跟丈夫谈离婚，男人就离家出走。大家以为他只是为了逃避妻子？事实并不尽然。通常有这几种情况，出轨的男人会离家出走，玩失踪的游戏。

一、他和情人已经进入恋爱的巅峰阶段

他觉得他爱情人爱得如痴如醉，离开了她，他就没办法活下去了。他认定自己和情人是命中注定的真爱。他处在激情的状态下，被激情的驱动，他觉得自己必须与情人在一起，而婚姻和妻子束缚了他的人身自由，于是他就离家出走。

二、情人逼迫他必须跟自己在一起，他只好离家出走

情人们逼迫男人的方式有很多种，如会拿怀孕、私生子做文章，有的还会用男人的事业前途来威胁。有一个案例中的小迪就曾经历过丈夫突然失踪的事件。当时小迪正和丈夫过春节，那天是大年初二下午两点多，她丈夫提出自己去买点菜，并说很快就回来。他一去很长时间没有回来。一直等到晚上12点也没有见丈夫回来。小迪给丈夫打电话，发现他的手机也关机了。

小迪的丈夫就这样消失了三个多月。最后，小迪还是从婆婆那里知道了真相。原来，她丈夫在外面有了婚外情，他的情人在春节前刚生下

孩子，她要求他陪她和孩子一起过春节。他当时没答应，选择与家人在一起。但他的情人就跟他吵闹，无奈之下他躲了起来。

三、男人对婚姻完全没有责任心，他觉得自己可以为所欲为

这类人基本上都有边缘型的人格特征，还有一点点反社会的倾向。他们不遵守规则，也不会觉得自己结婚了，就要对婚姻负责，就要受到家庭的束缚。他还有很严重的自恋人格，以自我为中心，完全不会顾及别人，他想做什么就做什么。

这类男人根本体会不到妻子和孩子的痛苦，他只顾及自己的感受和需求。他如果觉得自己在婚姻里过得很不爽，他马上就想要快乐，于是就撇下家和家人，自己跑出去了。

四、他对妻子有各种情绪，同时情人一直在拉他离开家

在生活中他与妻子相处很不愉快，对妻子有很多情绪，甚至充满了怨恨。他早就想离家出走了，但是苦于没有一个机会，也没有一个舒服的落脚点。当有了情人，也就有了离家的条件。情人们往往给他们很强的外部拉力，把男人往外拉，他们才会真的离家出走。

五、各种压力下，促使他离家出走

如果男人本来就想和妻子离婚，而情人又给他施加压力，再加上如果他的经济状况出了问题，或者事业出了问题等，这些事情和压力都对他影响很大，最终促使他离家出走。往往在这种状况下，他不仅是离家出走，而是彻底离开了他之前的生活环境。因为他的生活圈没办法维持了，他社会关系也都崩坏了，他不得不放弃一切，选择逃避。

第四节　离家出走的男人，他想要什么

男人出轨玩失踪，只是想逃开家、避开妻子吗？还是另有所图？其实，这些离家出走的男人想要的是以下这些。

一、他吃定了妻子，并且想脚踏两只船

如果他很清楚妻子舍不得他，不会跟他离婚。就算他离家出走，只要他跟妻子道个歉、哄一下，再回到家里，妻子就会原谅他。他吃定了妻子，就轻松地跑到情人那里，实现了脚踏两只船的目的。

二、他在家里没有强烈的归属感，就去外面寻求情感安慰

如果他有很强的归属感，他不会离家出走。而他之所以会离家出走，很可能是他和情人之间已经形成了依恋关系，在情人那获得了安全感和归属感。

三、他想通过离家出走牢牢抓住情人

虽然他并不想娶情人，但他非常清楚必须离家出走，只有去与情人住一起，她才不会离开他。这样就能牢牢抓住情人。

很多情人都天真地以为情夫们离家出走就说明他们不爱妻子而是真的爱自己，是把她们放在重要核心的位置。她们觉得自己是胜利者，尤如所谓的谜之自信。她们甚至还会认为，自己最终会取代妻子，婚外情会逆袭成功。而实际上，男人们并没打算娶她们，她们在浪费自己的青春和感情。

第五节　妻子如何应对离家出走的男人

妻子们应该把丈夫离家的行为理解为男人没有办法解决离婚的问题，所以才要走。你们可以明确告诉他，他用离家出走的方式逃避婚外情、逃避离婚纠纷并没有用。你们不会怕，也不会妥协退让。

在此我们强调，面对丈夫离家出走这件事，妻子们一定要保持理性，同时还要有一点感性。如果你们不能保持理性，就容易觉得烦躁不安，被自己的情绪左右。但是，也不要过于理性，把问题弄的简单化。很多妻子们说他要走就走好了，我自己操持好家里，把公婆和孩子照顾好就行了。如果你对消失的老公完全无感，那还不如干脆离婚得了。保持理性，是因为可以让你不慌乱。而保留感性，是因为夫妻之间还有感情。这样双管齐下，男人才会意识到他必须承担后果，逃避并没有用。

具体来说，应对离家不回的丈夫，妻子们首先要确定一点，他是玩失踪，还是发生了什么事情。一旦你发现他是故意消失，就要非常清晰地告诉他这样会直接破坏夫妻感情，甚至可能直接导致你因为极度失望而放弃婚姻。如果他想好了要放弃婚姻，可以直接回来办理离婚。

如果你们想要破解他们离家不归的局面，就要明确告诉他你们的底线。你们可以规定一个他回家的时间期限。如果到时候还不见人，你们就去报警，还会去他的单位找人，也会找他的父母。这些不只是说说而已，你一定要落实。如果报警48小时之后，他们仍旧杳无音讯，警察会帮你们找到他们。

如果下一次，他们还接着玩失踪的话，那就再设定一个日期。明确告诉他如果不回来，你们就要去法院起诉他。这样的出轨男人没就是以为妻子不敢结束婚姻。所以，就要让他们看到你们不怕离婚，还要让他们为故意消失付出代价。

除此之外，妻子还要做两件重要的事。

首先，你要认真评估自己的婚姻。用挽救婚姻的五个标准来评估这段婚姻还要不要继续。在他离家出走之前，他对你是怎样的？他尽到对家的责任了吗？在心理层面上，他能陪伴你吗？在生理层面上，他能满足你吗？在精神层面上，他能让你感到愉悦吗？在个体发展上，他能支持你吗？如果这些他都不能满足你，你就不需要考虑其他的，直接跟他谈离婚。

你也要认真评估这段婚姻的发展状况和未来走向。如果你们结婚多年，所有的财富和收益都是你创造的，你丈夫不但没有付出，还三番五次出轨。这样的婚姻肯定很难良性发展，也没必要挽救。另外，你还要仔细考虑你们婚姻里有怎样的矛盾冲突和危机，这些问题能不能解决。如果你们夫妻之间并没有重大冲突和危机，这个男人还出轨，还搞失踪，那只能说明是他出了问题，心理出现了障碍。这样的话，我们要坚决地把离婚提到日程上。

其次，你要全面评估丈夫。主要看这几个方面：他出轨以前是不是也经常离家出走？如果他以前经常离家出走，他就属于习惯性出走，形成了回避型的人格。因此，即便这一次他回来了，以后是否再次离家出走也是未知数。你也要看他是付出型的男人，还是掠夺型的男人？如果在家他就像吸血鬼一样，一直让你付出奉献。这样不懂付出的男人，就没必要继续生活在一起了。

最后，看你们的婚姻给他造成了哪些方面的压力。他离开家，是不是因为承受不了婚姻里的压力，或者是还有别的原因？如果家里并没有给他压力，他还想要跑出去，那问题就出在婚外情，在那边一定遇到了很大的困难，通常都是他被情人胁迫了，如她可能用出轨证据胁迫他，也可能用怀孕、孩子胁迫他。还可能是出轨的丈夫有某种心理或社会障碍，没办法就选择惯性逃避。

当我们认真评估完后，再决定要不要挽回丈夫、挽救婚姻。有些妻子们会问："我这么做了，要是真离婚了怎么办？"她们可能是不甘心自己失去婚姻，反而成全了出轨的两个人。

大家认真想想，如果你们真离婚了，前夫和情人的关系就不再是不伦的关系，而是要承担责任的关系，甚至要承担婚姻责任的关系。很明显，一个出轨玩失踪的男人对婚姻的责任感较低，他们经不起婚姻生活的考验。因此就算他跟情人结婚，其结果也好不了。

所有出轨玩失踪的男人，他们都有一个共同的特点，就是他们都属于回避型的人，他们处理婚姻矛盾、冲突的能力很有限，所以只能一拖再拖，拖到最后，他扛不住了，就跑了。对于这样的男人，如果不能挽救的话，就趁早离婚。如果还有挽回的余地，你应该跟他全面斗争。只有你跟他如此，才会真正令他意识到不可以恣意妄为。

出轨男人的归与恋

第十二章
为什么男人出轨后会乞求原谅

第一节　婚外情的生命周期

很多人有疑问，治理婚外情到底有没有用？治理婚外情需要多长时间？要想得到答案，我们就需要了解婚外情是怎么产生的，婚外情的周期有多长等。

婚外情的双方无论他们是一见钟情也好，日久生情也罢，他们并不是互相钟情，就马上在一起了，也不会是刚爱上了，就干柴烈火了。多数人的感情发展都要经历一个时间段，婚外情也是一样。婚外情的发展是逐渐发酵，一步一步发展起来的。婚外情也有生命周期，具体可以分成五个时期。

一、萌芽期

萌芽期对于发生婚外情的两人还处于蠢蠢欲动、停留在谈情说爱的阶段；或者是偷吃了禁果后很快被发现，两个人的关系很快结束了。这个时期的婚外情持续时间比较短。处理起来比较容易。

二、高速发展期

高速发展期是从他们第一次发生关系之后，两个人突破了界限，就会日思夜想，他们两个人就会频繁来往，感情迅速发展、升温。

三、高峰体验期

高峰体验期是婚外情的顶点，如何衡量呢？譬如男人基本上都会说一定要娶情人，不惜离婚也要娶她。而情人也说不管男人离不离婚，她都要跟他在一起。

两人仿佛漂浮在云端之上，就算他们的婚外情被人发现了，妻子闹到他们的单位，让他们失去工作，或者产生其他后果，他们都无所谓。

四、下降期

婚外情再刺激、再美妙，也会产生矛盾。当情人怀孕了时她会追问情夫为什么一直没有实现离婚再娶她的承诺；又如男人跟妻子在一起还有夫妻生活等等，这些问题都会让情人与情夫发生争吵。婚外情持续了两三年，就会出现这些情况。两人的感情也因此出现裂痕，激情逐渐下降。

五、翘尾期

当下降期开始后，如果感情已经到了低谷，双方往往会多次分分合合，多次闹分手。但此期间妻子还没有发现，他们的激情也会有上升的情况。这就是翘尾期。这个阶段感情还会往上发展，但只是上去一点点，然后平滑了。

在翘尾期，出轨男人已经收服了情人。譬如他向情人作了承诺，如果她乖乖跟着自己，那么她想生孩子就生，他还会给她钱，他会爱她一辈子等。

发生丈夫出轨的妻子们可以对比婚外情发展的五个时期，看看他们处在哪个时期。为什么我们一直建议人家对婚外情进行斗争呢？因为只有斗争，才能够让萌芽被掐断，或者把婚外情迅速打到下降期里，让他们两人睁开眼去面对现实的问题。

只要你发现了丈夫有婚外情，你就要及时进行斗争，你要求他们分手，要么你就离婚。只要你斗争，就会很快地打乱婚外情的生命周期，让他们从虚幻的美好梦境，跌落到人间的土地上。

一般婚外情的生命周期，长的有30年之久，短的也有三五年。如果我们不直面婚外情，不勇敢斗争，就会让婚外情掏空婚姻，最终只剩下一具空壳。相较于离婚，这才是最可怕的。

第二节　男人乞求妻子原谅的原因

为什么一些男人这头背叛妻子出轨，那头又去乞求妻子原谅？他们可不是人格分裂，而是不想失去婚姻，更不想离开妻子。依据以往的个案经验，这些出轨的男人之所以要乞求妻子的原谅，大多是因为以下这些情况。

一、在婚外情之前，婚姻并没有破裂

很多妻子会认为丈夫的乞求不过是一种策略，他是明修栈道，暗度陈仓，或者是为了孩子。他愿乞求原谅，是因为在他有婚外情之前，家庭婚姻还没有破裂。

如果在婚外情之前，夫妻两个人的感情已经破裂，婚姻已经形同虚设，变成了僵尸婚姻，那男人就算想挽救都挽救不了。如果丈夫有了婚

外情，妻子一定要用挽救婚姻的五个评估标准，评估婚姻是应该挽救，还是应该选择放弃。

二、婚外情不能替代婚姻，它只是一个补充

很多时候男人出轨，都是为了弥补婚姻里缺失的感觉。如果他的妻子性格强势，他找的情人就软弱乖巧；如果妻子是家庭主妇，他找的情人就是事业型女人；如果妻子不解风情，木讷无趣，他找的就可能是风情万种的情人；如果妻子一心扑在事业上，他就专找无所事事、混吃混喝的情人……这些属于补充型出轨，以期达到他内心深处想像的完美女人。如果情人只是妻子的补充，他怎么可能放弃妻子呢？

三、他的内心软弱，婚外情也依靠妻子

他的内心比较弱小，实际上他真的跟情人一起生活，他也不能管住情人。他反而要依靠妻子才能把情人管好。还有一种可能，他自己的价值感和存在感比较弱，他与妻子之间形成了比较强的依恋关系。但是如果这种依恋关系太强了，淹没了他的存在，他就通过找情人来证明自己的存在。

四、情感上的求生本能

如果一个出轨男人结婚已经十年，甚至二十年了，他对婚姻、对妻子都有很深感情。他怎么可能离婚呢。这是一种情感上的求生本能，他不会结束婚姻的生命，因此他们会乞求妻子。

五、他内心深处已经意识到婚外情的伤害，婚外情没有未来

这些出轨的男人其实心里很清楚，婚外情是不道德的，会给家庭婚姻造成伤害。他们找情人的目的是到外面玩一玩、透透气。他们并不想为此葬送自己的婚姻，所以当婚外情曝光后他会乞求妻子原谅。这类男人既想享受婚外情的新鲜刺激，又不想失去妻子。问题是这根本不可能两全其美。一个人的精力和时间是有限的，爱人的能量也是有限的。男人在婚外情中投入的时间和情感多了，为家里投入的自然就少了。

可能有人会好奇，这些像“墙头草两头摆”的男人到底是什么样子的？根据我们治理婚外情十多年的经验，这些男人有两大类型。

1. 他出轨的对象是同一个人，跟同一个人多次发生婚外情

不少男人的婚外情常常处于分合状态，如上半年刚与情人分手，下半年又在一起了。或者当时两人分手得很彻底，但过了一两年后又死灰复燃。例如小夏最初偶然从丈夫的手机里发现了他和女同事的开房记录，这位出轨对象还是小夏认识的。当时还是在夜里，她气得一下子把丈夫喊起来，他马上跟小夏认错，还下跪保证不会再犯。

小夏要求丈夫保证下不为例并把那个女人的联系方式全部删了，他立刻照办。小夏还要求丈夫当场给那位女同事打电话，她丈夫死活不同意，声称那位女同事也是有家庭的，万一闹得对方的丈夫知道了不好收场。如果她要是离婚了，到时候还可能来找麻烦，弄不好自己的家也散了。他还向小夏保证一定会跟她分手。听了丈夫这通话，小夏觉得丈夫毕竟认错了，还认得很及时，说得也有理。她就没有再坚持下去。

后来，她丈夫开除了那位女同事。按照这个情况，小夏以为这段婚外情到此就结束了。没想到，一个月之后，小夏发现丈夫又跟那个女同事在一起了！原来这位情人后来离婚了，经常向小夏丈夫诉苦。两个人先是在手机里互诉衷肠，后来又发展到见面喝咖啡、互相安慰，最后又发生了关系。

小夏并不是强势的人，婚后她对丈夫都是言听计从，夫唱妇随。她想不通丈夫怎么还会犯这种错呢？她更想不通明明都已经分手了，为什么还会在一起？她以为丈夫向自己认个错、下个跪，婚外情就结束了。

她不知道婚外情非常容易复燃，也完全不懂婚外情还需要进行三方会谈，才能真正结束。

2. 跟不同的女人发生婚外情

这种类婚外情也很常见。有的男人出轨被妻子发现了，马上结束。经过两三个月，或者半年，然后又出轨其他女人。被发现后，又停下来，等过一段时间又出轨，如此反复循环……曾经有一个案例里的男人十年内先后出轨15次。

小秋也有类似的经历。她结婚三十年，丈夫从婚后第二年就出轨，时间最长的婚外情，持续了将近二十年，还有了私生子，而时间最短的一段只有三个月。此外，还有多次一夜情，出轨对象都是夜总会、KTV里的小姐。

在小秋的观念里，她认为男人虽然有了婚外情，只要记得回家就行。因为她父亲就是如此，所以她认为自己看透了男人，觉得男人都是这样的。直到她丈夫找了一个比自家女儿还小一岁的情人，还要求与她离婚去娶情人。她才觉得无法忍受下了。

她之前一次次原谅丈夫出轨，拼命求着丈夫，只要不离婚怎么着都行，最后还是发展到不可收拾的状况。她来找我们进行辅导。我们建议她跟丈夫直接谈离婚。当小秋提出离婚后，她丈夫又不同意了。我们建议小秋调查一下丈夫情人的背景。原来这位情人是在KTV里工作的小姐，从15岁就混迹于KTV等娱乐场所。她出生在边远山区，还有好几个兄弟姐妹，家里很穷。根据调查情况，小秋与丈夫进行了谈话。她丈夫才觉得为了一个风尘少女离婚很掉价，于是就与情人分手了。

结婚三十年，小秋的丈夫就没断过女人，出轨对象什么样的女人都有，这是多么可怕的一件事情。这个男人之所以能不断地与不同的女人出轨，就是因为小秋的认识上有问题，所以不断妥协，没有彻底地去解决问题。每次出轨被发现，她丈夫为了求得原谅，都向她认错、写保证书，还会给她钱。最初收入少的时候，给小秋五千元、一万元等，甚至不惜到外面借钱。后来他慢慢有了钱，就许诺把房子过户到小秋名下。三十年来，他一直都用这种方式收买自己的女人。

这样的男人很聪明。把钱财交给妻子，其实是从左口袋拿到右口袋，他没有丝毫损失。可是很多妻子们都看不透这一点，还心软原谅丈夫。丈夫出轨了一次又一次，你还不断地原谅，就相当于是纵容他，相当于给自己的婚姻挖坑，也等于你默认了丈夫可以出轨，等于变相接受他出轨。

第三节　为什么乞求原谅后，丈夫又再次出轨

根据我们的工作统计，90%以上的出轨男人乞求妻子原谅后，或者回归家庭之后，都会再次出轨。我们把这种现象定义为翘尾现象。所谓翘尾现象，就是指在婚外情的生命周期里，婚外情曲线会出现先往上走，然后再下降，降到低谷后，又往上走的状况，这就叫翘尾现象。

一般来说妻子不了解婚外情的翘尾现象，他们对婚姻和丈夫都感到无奈，于是干脆不管，让丈夫放任自流。还有一部分女性对出轨丈夫的态度是出现了一次不忠于婚姻，一旦发现出轨就直接离婚。如果你们抱有这样的想法，那么就无法较好的处理婚外情的问题。

对待婚外情，不能只看到现象，没看到本质。要从根本上解决这种不断反复的婚外情，就要真正了解出轨男人乞求原谅的心理动力，也要明白男人为什么会再次出轨，以及他再次出轨的心理动机，否则，我们就没办法采取有效的措施，只能一次次遭受背叛。分析出轨男人的这些因素，不代表我们要容忍他出轨，也不是为他的出轨找借口。我们可以掌握他出轨的动机，但是我们坚决不同意他出轨。

男人出轨乞求原谅后，居然又再次出轨。难道他不知道再次出轨可能会导致婚姻结束吗？难道他不知道出轨对妻子造成了很大伤害吗？他肯定知道。那么，他为什么会再次出轨呢？从心理层面分析，大致有以下几种原因。

一、他没有决定分手，分手只是他的一种策略，为的是度过当下的危机

这种分手策略可以理解为他在意识上知道应该分手，但是他并没有采取实际行动，也没有下定分手的决心。我们不要以为他提出与情人分手，下跪写保证书，就表明他要结束婚外情。实际上这才是治理婚外情的开始阶段。

二、婚外情的果子实在太美味，他不可能轻易丢掉

对男人来说，婚外情的体验太好了——有浪漫、激情，有轻松、愉快，还有服从和高潮，这么好的果子，他会轻易撒手不要吗？我们要把这颗婚外情的果子打下来，首先一定要让它腐烂，这样男人才不会心存眷恋而回头。但要打掉这个果子也不容易，解决的主要方法之一就是反复进行夫妻会谈和三方会谈。

三、婚外情分手要经历三个阶段

大量的婚外情案例都证明了这点，婚外情分手要经历这三个阶段：第一阶段，在思想上，他想与情人分手，也做出了决定。第二阶段，在物理层面上，他和情人分离。第三阶段，在心理层面上，婚外情的依恋关系的破裂。

如果没有实现这三个阶段，婚外情就很难结束。与同一个人多次出轨，实际上就是依恋关系没有断裂。他的心里有情、爱、痛、苦，这些

复杂的情绪和感受都会促使他与情人藕断丝连。

四、他策略性分手之后，你没有持续给他施压

婚外情没有见底，还没有被瓦解，如果此时我们认为只要他和情人分手就好了，只要回家，事情就会翻篇了。这样的话，他并不会真的结束婚外情。其实，这只是他的一种策略，到时候又会出去找情人了。

五、你对他的婚外情没有进行惩罚，或者惩罚太小

对于男人出轨没有进行思想上的批判，也没有物质方面的惩罚，实际上是对他们的错误进行了纵容。如果我们对他进行充分的惩罚，尤其是心理惩罚，他才会长记性。下一次他犯痒痒的时候，他会心有忌惮，不敢轻易再越轨。

六、他在婚姻和婚外情里的创伤没有得到疗愈

虽然他们回家了，但是如果我们并没有疗愈婚外情的创伤，也没有解决之前婚姻里堆积的种种问题。你们之间因为婚外情而产生的防御机制还在，你们两人的冲突矛盾还在，他们回来之后，心理压力不减，又增加了压抑、担心、焦虑等负面情绪。在这样的情况下，他们很容易再次出轨。

七、婚姻没有重建

很多女性客户告诉我们，丈夫出轨后，她无法回到过去，心理上没法重新接纳丈夫，不想继续维系婚姻了。这种想法其实并不正确，也带有片面性，实际上婚外情的发生也有家庭婚姻的问题。因此要面对现实，而不是回到过去。你们过去的婚姻早就已经不行了。

丈夫有了婚外情，女人心理上很难接受，会很容易怀旧，总想着能

回到过去就好了。这只是一种幻觉，是不理性的想法。这种时候不要回头看，而是要向前看。如果不重建你们的婚姻，不重建婚姻的新模式，不重建家庭生活管理模式，不重建夫妻两人之间的信任和情感依恋，婚姻就还是在重复过去的模式，也就是产生婚外情的模式。

第四节　对乞求原谅的男人应该采取什么对策

面对丈夫乞求原谅，有许多妻子都不愿意。当然可以理解她们的心情，但这么处理问题的作用不大。既然你不原谅他，要么离婚，要么自己继续痛苦，或者是过着麻木的生活。但这样受婚外情惩罚的却是你这位受害者。令你的内心会很痛苦、心力会枯竭，甚至出现心理和生理病态，最终离婚。

当出轨的丈夫乞求你原谅，你如何才能做到原谅他？首先，你要明白你到底原谅他什么？一般以为的原谅，像很多妻子问丈夫："你出轨了，你知道错了吗？知道错了，那我们就好好过日子"。这不叫原谅，这叫糊涂。

为什么这么说？丈夫出轨给你的身心造成了巨大的创伤，你没有认真的处理创伤，还表现得无所谓；他背叛你的原因你都不清楚，你们的婚姻究竟发生了什么情况都不分析，却还想继续过去的婚姻模式。实际上，你们的婚姻已经产生了让他背叛的温床，如果就这么算了，换来的很可能是他第二次、第三次背叛。

婚外情的出现，意味着家庭婚姻已经出现了问题。你也不知道问题所在，是你把心思都放在孩子、工作上了，还是你本来就不爱丈夫了？是你对他已经失望、绝望了，还是他已经配不上你了？你也没仔细想过，你丈夫到底因为什么事情，导致他要背叛你？他的背叛到底给他带来了哪些好处？如果你都不知道，也就更加不知道他现在变成什么样了。很多女人与丈夫结婚十年、二十年了，她认为他还是过去的那个人，认为他还是过去的思想，还像过去那么重视自己，甚至还认为他在婚姻里获得了很多满足，其实这些都已经发生了改变。

婚外情给婚姻带来了很大的伤害，伤害夫妻之间的信任、情感、交流，等等。如果婚姻像墙面一样千疮百孔了，你认为只要铺一层腻子就好了。甚至你连腻子都没铺，你就象征性遮盖一下。其实，这样是在进一步纵容背叛，而这种纵容是对出轨和背叛的奖励。

妻子轻易的原谅、糊涂的原谅、没有作为的原谅，最后就变成丈夫下次更快、更猛的背叛。糊涂的爱是可以的，但糊涂的原谅只能伤害自己。我们认为，原谅出轨的老公没有那么容易，而是要去辨别看哪些是可以原谅的，哪些是不可以原谅的。

一、他出轨的行为

丈夫出轨了，他随之出现了哪些行为呢？如对你和孩子不闻不问，经常出差或者三更半夜回家，不给家用，不过夫妻生活……如果是这些行为你要求他作出改变，让他关心家庭和孩子，每天早点回家，把挣的钱都给家里。你要告诉他：“当你的这些行为发生了变化，我才能原谅你的出轨”。

二、他出轨的动机

男人的出轨动机有很多种，例如他有上亿元资产，他要生儿子；你在孕产期，你们不做夫妻运动，他憋坏了；你们的婚姻到了倦怠期，结婚十年、二十年了，他觉得有点腻了。

你要搞清楚他出轨的动机，是有人性化的一面，还是胡说八道，或者是放烟幕弹。你要找出来什么可以原谅，什么不可以原谅。

三、他出轨的后果

丈夫出轨后，他逼你离婚，与情人生下孩子，把家里的钱财都给了情人，你们的孩子还出现心理问题等。产生了这样的后果，你还能原谅他吗？如果男人的做法太恶劣，就不能得到原谅，我们要懂得保护自己和孩子，捍卫自己的权益。

四、出轨后这个人的变化

有些人出轨之后，看不出他产生太大的变化。但有些人变化的确很大，譬如人心变了，他的目标、生活态度也变了。因此，我们要分清出轨男人的问题，再来决定是否可以原谅他。

我们只有进行了理性分析，才知道哪些问题是不可以退让的，哪些情况是可以原谅他的。再进一步，你在什么情况下原谅他呢？千万不要一发现丈夫出轨，当他承认或者还没承认的时候，你就对他说："你只要认错了，我就原谅你"。而且，原谅不是嘴上说了就行的，之后还要有行为上的兑现。如果你没有处理好自己的情绪、感受，你的行为就会打折，无法做到不计较，也没办法做到和从前一样与他相处。

你也要记住，你原谅目的是什么？原谅不是跟他谈谈就过去了，出轨这个事情就结束了。你原谅他，前提是他要结束婚外情，他要和你修复夫妻关系，这样才是原谅他的原因。

原谅是一个过程，它不是一句话。我们很多人把原谅变成了一句话，结果就变成了出轨男人经常对妻子说："这个事情已经翻篇了，不要再说了，别再和我提了"。这是强迫你原谅，很多男人喜欢这么做。也有很多女人轻易也就这么做了。很多妻子对出轨的丈夫说："你只要能回来，我就原谅你，我们还像以前那样好好过，就当作这件事情没有发生"。这就是在纵容他继续出轨，继续伤害你自己。正确的做法是当你承诺原谅他的时候，要明确告诉他，他要做到什么样的状况，你才能原谅。否则，你根本就不可能原谅他。

最后，我们要强调：你要原谅自己。丈夫背叛了你，你却在折磨自己、否定自己，譬如有的妻子说："我现在人老珠黄了，我不漂亮了"，这样不仅对解决问题没有任何帮助，还会削弱你的力量。所谓原谅自己，实际上是接纳自己的现状。这段婚姻变成这样，你就是能力有限，不可以吗？如果你真的糟透了，他应该直接跟你提离婚，而不是背叛。所以，不是因为你不好他才出轨。在原谅婚外情出轨丈夫的问题上，首先要真正地接纳自己，这样你才能走出被背叛的伤害，去直面婚姻的问题，去选择告别，还是重新开始。

第十三章 回归家庭后，男人为什么会进行冷战

第一节 回归家庭后进行冷战的男人

在治理婚外情的案例中，我们发现了一个独特的现象：大约有30%的出轨男人在回归家庭后，会和妻子进行冷战。他们采取的冷战形式常常有三种。第一种先发制人，他一上来就告诉妻子，说婚外情结束了，不要再谈那件事了，从此翻篇了。第二种当缩头乌龟，只要妻子一提婚外情的事情，他马上掉头就跑。第三种属于开启了防御机制，妻子还没有提婚外情的事，他就直接不理人，连敷衍都懒得敷衍，譬如他回到家里，也不跟家人沟通，只顾着玩自己的手机。睡觉要么分床，要么分居。如果妻子碰他一下，他就像弹簧一样弹开了。

还有一部分出轨男人回家之后，表面上他好像能跟妻子正常聊天，但是一旦涉及婚外情的问题，甚至他是看到了电视剧里婚外情的情节，他也会马上翻脸，跟妻子进行冷战。

他们为什么选择回家了还要进行冷战呢？妻子百思不得其解，小梅就是其中一位。

小梅当初找我们辅导之前，她就已经按照我们的《婚外情治理》这本书里提到的方法，处理婚外情的问题，把她丈夫和情人分开了。正当她享受胜利果实时，没想到丈夫回家后就开始跟她进行冷战，怎么说都油盐不进。她束手无策了，于是来找我们进行辅导。

小梅和丈夫结婚八年，婚前两人谈了六年恋爱。他们在谈恋爱时，男人真的爱她，辛苦追求她多年，小梅才答应结婚。结婚的时候，男方也很讲究，彩礼、房子、婚礼等都做得很到位。

两人结了婚，生了两个孩子之后，小梅发现丈夫有些不对劲，他每天都早出晚归，时不时还要加班、出差。而之前丈夫坐办公室将近十年，根本不用加班，也从来没有出过差。现在他为什么突然加班、出差多了起来？后来，小梅就发现丈夫出轨了。

发现丈夫有了婚外情后，小梅按照挽救婚姻的五个标准做了评估。结果是她不应该离婚。于是，她直接向丈夫，还有他的情人进行斗争。结果是情人退缩了，丈夫也回到了家里。但是他人回来了，却并没有明确与情人分手。小梅看丈夫恢复了以往正常上下班，不像有婚外情的时候，都是每晚半夜三更才回来，她就认为丈夫真的结束了婚外情。

她丈夫回到家里，就总是板着脸玩手机，经常唉声叹气。小梅想和他聊聊婚外情的事，他就推脱说自己都回来啦，能不能让他消停一点。或者直接发脾气。从此，婚外情这件事再也碰不得，也说不得。如果小梅提起这个话题，他就要离婚。

为什么他自己选择了回到家里，却是这样的态度？其中有好几个原因。

第一，要看小梅丈夫和情人之间发生了什么事情，才迫使他回归了家庭。实际上，在那段婚外情里，他是被迫分手的。在小梅跟他们斗争后，情人担心自己的婚姻会受到影响，她才和情夫提出分手。小梅丈夫是被情人分手的，他是心不甘、情不愿地回到家里的，并不是真正意义上的回归家庭。他觉得小梅闹得他没有面子，闹得他和情人朋友也没办法做，他也要让小梅不痛快。

第二，他并不想离婚，他只是想继续婚外情。在小梅向婚外情作斗争期间，包括小梅要找情人进行三方会谈，她丈夫自始至终都没有提过要离婚，说明他不想离婚。

第三，他没有能力解决问题。实际上，他的情人曾经跟他讨论过，双方先去离婚，然后再结婚。但是，小梅的丈夫没有吭声。小梅也对他说过，如果他再继续婚外情就离婚，他答复从来没想过离婚。他父母找他谈话，他也说自己不想离婚。这其中任何一方的问题，他都没有解决，也没有给出非常明确的答案。这说明他根本没有能力解决问题。他对婚姻本身是恐惧的，他只想从婚姻里刨一个孔，出来透口气。

我们一定要注意男人解决问题的能力。如果他没有这种能力，就说明他的自我很弱小。他自己没有搞清楚婚姻是什么，他也没有办法规划与情人的未来。在这样的状态下，他只是无处可走，只好回家，并不是真正地回归家庭。

其他类似的案例也是这样。那些回家后还要冷战的男人，他并不是真的想回家，他的回归是因为他和情人之间发生了什么事件。根据大量案例统计，这类事件大致可以归类为以下几种：

一、他遇到了阻碍，意识到该结束婚外情了

当他与情人在一起之后，理想必然会面对现实，他发现他们根本无法有现实的未来。两人的关系很难维系，他自己也意识到这段婚外情要结束了。开始的时候，他以为在婚外情里能够获得很多东西，如果一旦他与情人进入婚姻里，情人甚至还不如妻子好。他就会意识到只能结束婚外情，回归家庭。

二、由于内外受困，他只能选择放弃婚外情

一边是妻子逼他，要么跟情人分手，要么就离婚。另一边是情人逼他，要么跟妻子离婚，要么就干脆分手。在这样的情况下，男人必须要做出选择。如果情人不计较名分，无论如何都要做他的情人，男人就不会那么容易回归家庭了。

三、他已经尝过了婚外情的滋味，不愿再和情人在一起了

一开始男人可能是出于诱惑、猎奇的心理，也可能单纯是为了逃避婚姻问题，他出轨了，他尝到了婚外情新鲜刺激的滋味，但是，随后婚外情的种种问题都爆发出来，付出了相应的代价。他知道再这么继续下去，他的婚姻和生活将会危机重重，或者他已经陷入了危机重重的境地。

总而言之，我们面对婚外情的时候一定要坚决斗争。如果你不开战，他就算心有悔意，但是也不会有强烈的危机感和压力，他也不会回到家里。同样地，应对那些回到家还进行冷暴力的男人，我们也要拿出勇气和智慧去斗争，打破冷战局面，努力重建婚姻。

第二节　冷战背后的心理

一个出轨的男人跟妻子说要回归家庭，他也确实回到了家里。可是重归家庭后，他却对妻子横眉冷对，不理不睬。这些跟妻子冷战的男人到底在想什么？根据案例分析，他们的心理活动可以归结为以下情形。

一、他没有真正想要回归，他是不得已回归

他只是想人回来了，心不回来，只是不得不暂居在家里。如果他还能够跟情人在一起，他才不想回来呢。

二、他还在为情人守忠

他心里还想着情人，还在担心要是跟妻子重新建立了情感联结情人会找他麻烦。或者，他还想找情人再续缘份。所以，他才与妻子进行冷战。

三、他害怕跟妻子过多接触，暴露隐私

他跟情人之间藕断丝连，他不愿让妻子干扰他的情爱，也不想暴露他隐私。在这种情况下，冷战对他最有利。他进行冷战就能保护他自己，避免他的心思被妻子发现，也避免让妻子看到他与情人的情感联结。

四、他要反击、反制妻子，他要先下手为强

他认为自己回家就代表他失败了，就变成软弱了。好像向妻子认错了，他认为这样不行！他不要跟妻子沟通、接触。他要用反制的行动让妻子看到，想要得到他的心，她还要努力，要向他服软，不再追究他的婚外情。

五、他虽然回归家庭了，但他还心有不甘

他觉得自己在外面的婚外情那么激情、那么美好，实在是不愿意跟妻子待在一起，重复过去的沉闷。

六、他想跟妻子缓和关系，但内心还有恐惧

一方面，他对妻了有防御、戒备，他不知道妻子是不是真的重新接纳他了，所以他不敢触碰这些话题。也就是说，婚外情的创伤还没有疗愈。

另一方面，他对妻子有很多的意见和抱怨，内心深处还讨厌妻子，现在回来要面对妻子，还要拥抱、亲热，他觉得自己很尴尬。

七、他不知道妻子是不是真的会原谅他，他想通过冷战的姿态让妻子放过他

对于这类男人，我们要奉劝你们，如果你的态度越冷淡，妻子就越不会原谅你。而且，你采用冷战的方式，会让妻子感到很无力、很无助。原本她对你燃起了一点点希望，但你却对她这样，她只能失望了，她会认为婚姻彻底没戏了，还是离婚吧。你的冷暴力，会让她觉得你不知好歹，无可救药。

那些回了家还进行冷战的男人，只会让妻子觉得婚姻真的不行了，丈夫真的不爱她了。比出轨对她的伤害还大。实际上，这就是婚外情的二次创伤。很多女人在丈夫回归后，最后还是选择了离婚。男人们很不理解妻子为什么要和他离婚？他已经与情人分手了。

我们要告诉这些男人们答案。你出轨了，如果妻子要你进行三方会谈，你不愿意谈；让你跟情人说分手，你不说；你回家了，她让你跟她亲密一下，你不愿意；让你做什么事情，你也不做。你的这些表现，就是女人为什么要和你离婚的原因。

第三节　如何解决冷战局面

好不容易让丈夫跟他的情人分开了，好不容易等到丈夫回归家庭了，而他却像个冷冻人，把家里弄得像冰窖，一点温度都没有。妻子们要怎么解决这样的局面？以下是我们的建议。

一、你要与他一起确定两件事。你要丈夫明确说明他是否真正的回归家庭了，是否真的与情人已经分手

如果他沉默，你可以告诉他没关系。他今天不说、明天不说，后天还不说，都没有关系。你可以不在意他沉默，但你一定要让他为将来做一个确切的打算。妻子们尤其要注意的是，你跟他谈的是未来的趋势、走向。你要确定他未来回归家庭的趋势，确定他跟情人分手的趋势。

二、坦言如果他现在冷战，将来可能会导致离婚

你要直接告诉他如果他采取冷战，并使用冷暴力。让你感到更加孤独、更加绝望。你告诉他虽然发生了婚外情，还不会离婚，但是他回家后还要与你进行冷战，恐怕你会跟他离婚。

三、你要告诉他你的底线

你一定要告诉他你不可能允许婚外情继续，更加不可能接受冷战。而且你要告诉他你一定要解决婚外情这件事，不会妥协。就算他想用冷战来对待你，你也不会让步。因为冷战解决不了任何问题，你一定要让他意识到这一点。

四、你要跟他坦诚沟通，谈谈他冷战的目的、心理和后果

很多妻子不懂要怎么跟冷战的丈夫沟通，怎么能撬开他的嘴。我们建议首先开门见山，直接问他冷战的目的能否达到；其次告诉他对冷战的态度。最后再向他说明冷战的后果是什么。一步步深入、一层层剥开问题，让他知道你不想冷战，你想解决问题。

五、你要告诉他，我们可以打破冷战

你要肯定他回家的举动，可以告诉他："你跟情人分手，现在回到家里，我觉得你做了一个正确的选择，我心里感到很安慰，我也觉得我们的婚姻有未来"。再告诉他，"我们没必要冷战，哪怕你有担心、有害怕，我们都可以解决"。

你一定要跟他敞开谈他究竟担心什么，他冷战想要达到什么目的。如果你不跟他谈这些，他会觉得心里没底，他不知道你是怎么想的，又是怎么看他的。他也会担心如果他对你笑脸相迎，你会认为他这个人有问题：昨天他还搂着情人说爱她一辈子，今天回家了，又跟我说要爱我一辈子。他要是这样，真是太可怕了。所以，他不敢一下子就热起来，只好先冷着。

六、你要营造轻松的、便于沟通的气氛，规划你们未来可能的生活方式

在与婚外情斗争的过程中，之前你已经充分展现出了自己的力量，也达到了目的。当他回归家庭后，你需要营造一个轻松、包容的氛围。如果你不去营造这种氛围，他不知道该怎么做才好，他也不知道跟你还有没有未来。需要强调一点，你也要打消他背叛情人的心理。因为他回家了，心里可能还在想着背叛了情人，未来还能否跟情人在一起吗？你

要让他打消这个念头，你为他营造的未来就是他要彻底跟情人分手。

丈夫回归家庭后还继续与妻子冷战，如果这个问题不解决，那么婚外情有可能会死灰复燃，或者他新的出轨。因为一旦他跟你冷战的时间长了，他就会认为跟你的婚姻就是个样子，没有未来，他必然会再次出轨。所以，这个问题一定要引起大家重视。解决回归后冷战的问题，着重在于具体实操。妻子要按照以上的步骤，一步一步去推进，然后再检讨反馈，再继续推进，这样才能让出轨的丈夫彻底回归家庭。

第十四章 回归家庭后，男人为什么和情人断不了

第一节　他为什么和情人断不了

出轨的丈夫回归了家庭，妻子本以为万事大吉，婚姻有救了，结果还是和丈夫过得不好。原来，丈夫与情人继续保持着联系，回到家里就心不在焉。很多妻子都会遇到这样的情况，有一些没及时解决，最终还是离婚了。

妻子们要牢记一点，丈夫回归家庭，只是你和丈夫重整婚姻的一个起点。要让男人彻底结束婚外情，后面你要走的路还很长，要解决的事情还很多。

我们先看一下，为什么他和情人会断不了呢？俗话说病来如山倒，病去如抽丝，婚外情就像婚姻生了一场病，需要时间才能痊愈。两个人在婚外情里爱得天崩地裂，让他们结束，得有一个过程。婚外情分手，不是像大家想象的那样，刀切豆腐两面光，一下就结束了。

很多男人跟妻子说，自己跟情人断不了，他们的理由和推辞无非是这些：“她是单位的同事，我绝对和她断不了”“我在经济上跟她还有

来往，我怎么可能和她断了？”“离开她，公司就要停止运转，我们断不了”“离开她，我活不成，我们断不了”。

真的就像他说的那样，断不了吗？他不是断不了，他是舍不得断。在情人身上，在他们的关系中，还有某些东西吸引着他，让他不愿意放手。不要听信出轨男人找的借口，事实上，他真正断不了的是有以下情况：

一、激情喷发

婚外情的感情浓度，比初恋都要来得猛烈。因为婚外情的产生是基于婚姻的匮乏，基于婚姻的矛盾冲突。男人带着非常高的期待和渴望，跑出去找情人。他心里有非常大的创伤等着疗愈，而情人又刚好满足了他的情感和心理需求。如此强烈的感情满足，怎么能轻易断呢？

二、积极关注，热烈地回应

已婚男人在有婚外情的时候，几乎一天24小时都与情人保持信息互动，随时关注她的动态，给她点赞，早晚问好，中午还要请安。譬如嘘寒问暖：“今天你的身体不舒服，摸摸额头”“你的例假要来了，要注意哦”。现实中有几个丈夫会这么关注妻子？而情人的回答也令他开心：“你做的菜太棒了，太好吃了”“你选的这家餐厅真好”“你穿这身衣服真好看”。她们给出的都是非常热烈的回应，都是正向的肯定和夸奖。谁不希望得到这些呢？

三、疯狂的认可，超级的肯定

婚外情中的两个人彼此都非常认可对方。特别是男人看情人就是情人眼里出西施。她什么都好、什么都对。“你是我的宝贝，你是我的福星”“你真聪明，你真可爱，你真香”。他眼里的情人是完美的，几乎找不到任何瑕疵。这种盲目的肯定几乎达到了崇拜的程度。

四、总是幻想有美好的期待

婚外情就像一出不现实的偶像剧，充满了粉红色的泡沫。里头的两个人期待最后的美好结局，总是幻想着两个人要是真结婚了，肯定比当下过得更好。挣的钱会更多，生的孩子也比现在的好，家庭会更温馨和睦。他们认为他们两个郎才女貌，真结婚了，肯定会让大家都羡慕。他们肯定会恩恩爱爱，如胶似漆，一辈子都热烈地爱着对方……

这些都是他们美好的期待，彼此之间还会做出诸如这类承诺，一个说，“我要离婚，我要娶你”。另一个说，“我一辈子都是你的人，我等你一辈子，我什么都不图，我就图你这个人”。这么美好的期待，这么激烈的承诺，谁会愿意分手。

五、你的好，你的妙，你的一切都想要

婚外情本质上是脱离日常生活的。在这样的情况下，就等于把对方全部笼罩在光环之下，两个人一起处在幻境当中。两个人在酒店里开房，不用打扫房间；两个人在酒店吃饭，不用买菜、炒菜，也不用洗碗。约会一次就花费一两千元，还有人花一两万元。在日常生活中，他会这么花钱吗？他舍得这么花吗？普通的生活哪会是这样呢。

婚外情就像一场美梦，置身其中的人不愿意醒来，还想多睡一会儿、多梦一会儿。就算他们分开了，那些美好和激情又历历在目，勾得人心痒痒。他们的身体有记忆、大脑有幻想，两人都认为他们的感情是美好的，他们是真爱，都隐隐期待着还能继续。

出轨的男人回到家后，虽然他跟情人暂时分开了，但之前的家庭矛盾冲突又回来了，防御机制也回来了，这种情况下，他会更加怀念情人的美好，忍不住偷偷见面。所以出轨的男人回家后，如果仍对情人割

舍不下，很可能就变成他和情人分分合合，两个人上演着纠缠不清的剧情。

第二节 回归后的“断”

当出轨的男人重回家庭，婚外情可能只是按下了暂停键。当他与情人分开之后，双方会停下来暗自反思这段感情。男人会想：“是不是我脾气不好？是不是我对她不够好？是不是我要对她负一点责任？应该更多为她考虑一下。”而情人也会反思：“我是不是没有多体谅他一点？我逼他离婚是不是还不到时候？”他们开始谅解对方，这会使他们的关系变得温馨，而且还迭代升级了，他们坚定地成了盟友。

有一些丈夫回归之后，他们会和情人团结起来对付妻子。其实，这种情形类似于罗密欧、朱丽叶效应，外界给他们那么多压力，想让他们没法在一起，他们就偏要在一起，他们偏要团结起来与阻挠他们的人抗争。

看到这里，妻子们是不是会觉得很无奈，难道真的就没办法把他们彻底分开吗？不要绝望，其实你们已经赢了很大一步。男人回归家庭之后，他和情人之间的关系实际上已经发生变化。就算他们还藕断丝连，他们之间还是出现了断裂，有一些东西已经断掉了。

一、婚外情和完美的感受已经破灭

这部分的断裂是有一个艰难的过程，不会一下子就彻底破灭。你要戳破丈夫婚外情的泡沫，一次又一次戳破，强化他的这种感受。否则他不可能心甘情愿地回头。

二、他意识到婚外情早晚要破

之前他可以跟情人说："我不会离婚，我可以爱你一辈子。"因为他想维持"三人行"的局面。但现在不行了，他受不了妻子、情人、现实层面的多方压力，他意识到婚外情必须结束。

三、离婚的计划破了，结婚的承诺破了

从前他对情人许诺他会离婚，会娶她，或者承诺要一辈子与她在一起，许愿两人会一直恩爱。但后来他发现他们之间还有很多解决不了的矛盾，于是就有了分手的裂隙。他们之间的美好承诺、对未来的期许面临落空的境地。

当出轨的丈夫回归家庭后，至少他和情人之间的这三个方面都破裂了。我想提醒妻子们，在治理婚外情的过程中，我们只看他做到了哪些，不要去看他没做到的那些。他做到了一项，你就肯定一项。你认可了他做到的事情，男人才会觉得他的付出被你看到了，他的付出是值得的。情人给他积极的认可和肯定，那么作为妻子，你能不能做到这一点？

第三节　回归后的"不断"

当我们理解了他们之间的"破裂"后，再来看看，回归家庭之后的男人仍然与情人保持联系，他们到底在纠缠什么？妻子们必须破掉这些纠缠。

一、我爱你，但我不能离婚，老人、孩子、工作怎么办

当男人回家后，情人会怀疑他的感情，会质疑他之前作出的承诺。男人只能一次次辩解，如“我是爱你的，谁告诉你我不爱你？你不要说我不爱你，我有现实的压力，孩子那么小，老人有高血压，我没有办法，你给我一点时间，等孩子长大一点”。有一些案例中的婚外情持续时间比较长。男人在孩子刚出生的时候就出轨了，等到孩子都上小学了，他还没结束婚外情。

二、你为什么不能离婚呢？你就是爱你的妻子，不爱我

出轨男人回家后，情人开始不信任他了，她会指责、质问他。这时候男人十之八九会反问，如“我怎么不敢离婚，你敢离婚吗？你敢嫁给我吗？”或者说，“我当然爱你，我不爱你的话，我怎么可能偷出半个小时，也要跟你见面呢？我是不得已，妻子现在管得紧”。

他们之间会有这种纠缠，实际上他们越是如此，对妻子越有利。所以妻子们不用过分担心，你就是要让他们进入这种产生矛盾的纠缠里面。

三、我是真的爱你，你真的是骗子，你有本事说爱我，没有本事做到

当情夫回家后，如情人会执着于跟他要一个结果，会一遍遍追问他，如“你说爱我，那你就说到做到。你真的爱我，那就和你妻子离婚，你们离婚有那么难吗？”大部分男人给的回答都如这样，“我和她提离婚了，她不同意”。如果情人让他起诉离婚，他又会如此答复：“我起诉她，到时候她反咬一口，怎么办？”他们两人也会纠缠这些问题。

四、我确定是爱你的，你一定要给我时间，时间能够证明一切

他们会纠缠爱是真的。譬如情夫会跟情人表忠心："时间会最终证明我是爱你的，我和你在一起将近三年，我不爱你吗？""我的时间都用来陪你了，都没有时间陪妻子，甚至没有时间看孩子，我还不够爱你吗？"

五、你只爱你自己，你这种人就是自私，我付出那么多，我等不了了

当丈夫与情人分手了，但又没有彻底结束婚外情。在这种状态下，情人会开始计较自己之前的付出，她会跟男人讨说法，譬如"我给你钱花，我为你打胎，为你耽误了自己谈恋爱、相亲。某某给我介绍了那么好的男朋友，我都没有要，我现在怎么办呢？"

她也会愤怒、不甘心，要跟男人提要求，譬如"我现在就是要爱你。我现在就是不要你和你妻子在一起。你别回家，你少回几次家，我不允许你和你妻子过性生活"。

六、算了吧，我什么也不想，我只要爱。我什么都不说了，我就要你陪我，你不来陪我，我肯定跟你闹

情人不舍得放手，所以她也会妥协，忍痛放男人回家。但是她也心有不甘，对男人还有留恋。她会要求男人拿出时间、情感、金钱等来满足她的需求。要不然，她就会与男人纠缠。

虽然他们还在联系，但他们都在纠结这些问题，所以，妻子们大可以放心，不要过分敏感，更不要抓着他们联系的事情不放，去跟丈夫大吵大闹。如果妻子不懂得把握分寸而与丈夫发生不必要的冲突，只会让他觉得你不好，让他后悔回家的决定。这样反倒是把他往外推，妻子们可不要做这样的傻事。

第四节　如何应对藕断丝连

我们根据长期治理婚姻的经验总结出了一条规律：婚外情真正要断干净，需要不断地强化过程，还要让丈夫知道哪些事情不能做。作为妻子，只要你发现一次就要斗争一次，没有足够的压力，他婚外情不会结束。没有坚定的斗争，他和情人不会分手。

丈夫回家后，他和情人继续保持联系，该怎么办呢？解决方案就是与他开展斗争，你要条理清晰，目标明确地跟他开战。只有这样，他才没办法跟你兜圈子，你才不会被他牵着鼻子走。具体的做法如下。

一、你要打掉情人的幻想，让她面对现实

婚外情里的两个人都有幻想。你丈夫的幻想是能够实现“三人行”。这边他告诉你已经与情人分手了，那边他又去安抚情人，想继续坐享齐人之福。

情人对男人、对感情还有幻想。她觉得情夫虽然回归了家庭，但是他又回来找自己了，说明他舍不得自己，说明他还是爱自己的。那么作妻子的一定要打掉她这个幻想，让情人看到男人出去找她只是舍不得，不是爱她、要娶她。

二、你一定要撕掉你丈夫的虚伪面目，露出真面目

出轨的男人是什么德性呢？他就是两头哄骗。一面对妻子说要与情人分手，不爱她了。另一面他又会对情人说自己与妻子过不下去了，只是没办法离婚。这时你要把他的真面目暴露出来，让他的情人看清楚。

三、确立分手这个底线，共同见证分手

你丈夫回家了，不代表他就跟情人分手了。他很可能并没有向情人提出分手，而是告诉她因为妻子管得严，暂时出不来……。这样他每一次背着妻子偷摸出去，在情人那里还搞得像英雄壮举一样。

如果丈夫只是跟你说不联系情人了，而没有提分手。你就要跟他确立彻底分手的底线。不要听他一面之词，如果没有见证他们分手，你怎么知道他们两个人真分手了呢？妻子一定要真正见证他们分手。这样你对丈夫、对婚姻的信任度提升了，就不会再疑神疑鬼，做出无益的行为。

我们一直主张要坚定地与对婚外情斗争。但是，斗争并不是只用蛮力，还需要策略和智慧。应对回家了还在跟情人纠缠的丈夫，妻子要拿出智慧。一方面，你首先要肯定你丈夫已经分手的事实，也要肯定你们婚姻里有过的美好；另一方面，我们也要坚持底线不退让，要坚决消除他的那些情感纠缠，也要打掉他那些幻想。

根据我们的经验，男人和情人能否了断，很大程度上取决于妻子采取什么样的斗争方式。如果你按照我们的策略行动，采取正确的方式，必然能够结束他们的婚外情。

第十五章
男人有私生子，该怎么处理

第一节　为什么男人会有私生子

我们大多数人真正进入婚姻，都会适应着去调整生活的步调，努力经营好婚姻。但是，并不是所有人都具备这样的意识和能力去管理婚姻，特别是有一些男人并不具备理性思考的能力，他们不善于处理婚姻问题，只会逃避，出去寻找情人，甚至还在外面有了私生子。

为什么这些男人有了婚外情，不能及时止损，还发展到与情人生了孩子？我们可以通过案例，来分析这些男人的问题到底出在哪里。

唐唐和丈夫结婚九年，表面上一直风平浪静，两人也有了孩子。唐唐是一名公职人员，原生家庭条件非常好，爸妈都很疼爱她。她自小在和谐的家庭氛围下长大，这让她对婚姻抱有美好的幻想，才选择了家境悬殊的丈夫。两人结婚时的开销，包括婚房等全部都是唐唐娘家出的。

唐唐丈夫出生于乡村，家境贫困。他大学毕业后进了一家普通公司，后来学到一技之长，又积累了一些客户资源，就打算自己出来单干。刚开始缺少启动资金，唐唐就向娘家借钱支持他创业。他虽然拿了这笔钱，但心里并不舒畅，暗暗想着要争口气。他拼命努力，事业确实发展不错，还在多地开了分公司。

昔日的穷小子飞黄腾达，变成了公司老板，小两口的日子越过越好。唐唐也很满足，直到有一天，一个电话打破了平静。一个女人主动打电话给唐唐说："你是××妻子吗？我跟他一起，还有了一个孩子。他人现在在我这里，你赶紧过来把他接走，我不要他了"。唐唐这才知道，丈夫在外面有了婚外情，而且两人在一起四年，连私生子都生出来了。

唐唐一直被蒙在鼓里，接到电话后，心里如同山崩地裂一般。一时间面无血色，呆了半天。等她回过神来，想着女人让自己去接丈夫，难道他们同居了吗？她马上打电话给丈夫，连声质问是怎么回事，她丈夫急忙解释不是那样的，他马上回家。

平时，她丈夫开车三四小时才能到家，而这时只用了大概两个半小时，他一路狂奔，超速开车回家。他向唐唐解释说自己从来没想过要生私生子，都是情人自己坚持要生。当初她怀孕的时候，他要她堕胎。是她自己躲着生下了孩子，他也拿她没办法。他还说自己从来没想过要离婚，那个女人跟了自己四年，但是他并没有天天跟她在一起，只是出差去外地的时候，才顺便待在她那里。他也没有在她那儿额外花钱，从来都没有想过要离婚再娶她。

他还辩解说从来没想要曝光孩子的事，他一直觉得自己能压住她。实际上他也拦了她几年，这次拦不住。他没想要伤唐唐的心，也不想给她增加麻烦，都是那个女人要这么做。他告诉唐唐，那个女人一直逼他离婚，他从来都没有同意，一直都是说自己不会离婚，不会扔下这个家。这次她是利用孩子给唐唐打电话，来逼他离婚。几年来，他一直要跟她分手，她始终不同意。他一跟她提分手，她就闹跳楼自杀，或者喝醉酒闹事，还威胁说要闹到家里，要闹到他离婚。他是真的没办法，才没跟她分手。

当着唐唐的面，他承诺马上就和她分手，回归家庭。外地的业务他也不要了，再也不去情人那边出差了。他会把名下的房子，还有钱统统都给唐唐，还当场写了保证书，让唐唐一定要相信他，让他自己去处理。他一定会给唐唐完美的答案。

在唐唐跟前，男人的话说得很漂亮。实际上一个半月后，他就跟情人复合了。当时，他的一位客户打电话给他约他谈点事情。他去了，结果看到自己的情人也在。原来是情人托他的客户帮忙，想见他一面。这一见，两个人又在一起了。后来，他直接跟唐唐说，因为事业和孩子的关系，他们断不了。他跟唐唐提出了两个方案：第一个方案是离婚，他净身出户，什么都不要。第二个方案，不离婚，隔一周他去那边一次，两边都不耽误。

唐唐没法接受丈夫提出的方案，就来找我们进行辅导，以寻找解决问题的办法。她告诉我们，她感觉丈夫的婚外情一辈子都断不了了。有孩子牵绊，那边事业也和情人有关，她应该怎么办？这个案例虽然很难，最后我们还是找到了突破口。丈夫的情人接受了我们的理念，拒绝继续“三人行”。她要求或者是唐唐和丈夫离婚，或者是自己跟情夫分开。唐唐也是真心真意想要挽救婚姻，因此我们组织了三方会谈，签了两份协议，一份是分手协议，一份是抚养协议。

我们之所以详细列举这个案例，是希望大家注意其中的三个要点。

一、男人和情人一直在纠缠，他并不想曝光私生子

男人一直想控制住情人，各种哄也好、骗也好，让情人不能生事。而情人当然也不是傻瓜，她看到自己做了四年情人，孩子都生了，情夫还不离婚，就干脆亲自上阵。这个案例也说明了一点，出轨的男人有私

生子，根本问题还是出在他自己身上。如果不是他自己不坚定，哪个女人会甘愿冒风险生下私生子？

二、丈夫用分手把妻子安抚好，再用分手把情人震慑住

唐唐老公的情人要逼他离婚，他干脆就离开，很长时间不见她。他用这个办法震慑情人，逼她乖乖听话，不再闹腾他妻子。要是她不配合，他就不来了，搞得情人没办法。对妻子唐唐呢，他又是打包票说一定分手，又给钱收买人心。他就这样用分手的承诺，把妻子安抚好，又把情人拿住，达成了三角平衡，他又可以为所欲为了。正是因为这两个女人都拿他没办法，他才会提出来一夫二妻，同时有两个家。

出轨的男人时常会用一手软、一手硬的手段，来应对女人，大家千万别上他的当。这个案例中，唐唐就是上了丈夫的当，才会陷入被动，进退两难。

三、妻子欠缺管理婚姻的能力

结婚后唐唐被婚姻表面的幸福蒙蔽了，理所当然地无条件相信丈夫。丈夫出差不回家、经常晚回，她都认为丈夫是在忙事业，没有起过疑心。另外，唐唐也没有搞清楚婚外情到底是怎么回事。丈夫答应跟情人分手，结果他们又复合了，还想迫使她答应三人行，导致她受到很严重的伤害。

从我们接触的案例来看，男人出轨、有私生子的情况，基本上可以归结为这几个原因。

第一，他的婚外情持续时间比较长。婚外情时间越长，两个人投入的情感也越深，一些情人就会心甘情愿为这个男人生孩子，她会觉得孩子是他们爱情的见证。

第二，丈夫想妻子、情人两个都要，他既不希望离婚，也不希望分

手。情人有了私生子对他更有利，更容易把情人绑在身边。为了满足他的私心，一些男人还会故意设法让情人怀孕。

第三，妻子不会管理婚姻。这也许是她缺少危机感，盲目信任丈夫，也许是她不够关注丈夫，才没有发现丈夫的婚外情。一个男人出轨了，还有了私生子，这不是一两天就能做到的事，一定会有迹可循。妻子的疏忽大意，给了男人充足的机会和时间陪在情人身边，最终往往就有了私生子。

第二节 为什么有了私生子还不离婚

很多男人有了私生子也不会离婚。他没想与情人组建家庭，让孩子可以感受到正常家庭的温暖。一些情人认为男人是真爱自己，才跟自己生了孩子。我们很遗憾地看到，与这种男人谈真爱，真是羞辱你的爱情，羞辱你的赤子之心。他没有资格获得你的爱。

其实，这些男人没有打算把自己的私生子带到健康的社会体系内，他们更多的是满足自己的私心和虚荣心，觉得有女人心甘情愿地为他生私生子了，很有面子和成就感。实际上他从来都没有考虑过要离婚，他觉得自己的婚姻也很重要。

都有了私生子还不离婚，这种男人到底是什么心理？他觉得妻子不够好，情人也不完美，她们两个加起来才是100分。他就是想要一个男人配两个女人。再往深一层说的话，他为什么可以做到同时拥有两个女人？他不想离婚是真的，不愿意分手也是真的，是谁给了他底气？是谁给了他自信？是谁给了他支撑？

在很大程度上，他们的底气是妻子给的。因为妻子软弱无力，因为她们心理崩塌、恐惧离婚，因为她们太爱自己的男人，所以才令他有了底气。他之所以能够明目张胆地有两个家，还生下私生子，是因为他准确地抓住了妻子的这些心理。

一、妻子不会离婚

很多妻子发现丈夫有婚外情，往往表明不愿离婚的态度，要求丈夫必须和情人分手。如果你都不想离婚，也不会离婚，他凭什么要和情人分手呢？不管他怎么做，反正你都不会离婚，所以他什么都不需要做。他不需要分手，还可以随便折磨你。

二、他很清楚只需要哄妻子一下，就万事大吉了

他对妻子说，“我和她分了”，或者直接说，“我也想分，你给我时间慢慢分，你要相信我，我是爱你的”。结果妻子相信了他，分手的期限从一开始说的一个月，拖到两个月，又拖到一年、两年……结果私生子都有了，他还没有分手。

三、妻子害怕离婚

很多妻子一想到离婚，就很害怕。总想着房子没有了，财产没有了，几十年的感情没有了，孩子没有爸爸了，没有家了，自己现在年老色衰，也没人要了……真的不能离婚，一离婚自己就完蛋了。妻子的这种担忧的心理正好助长了丈夫的嚣张气焰。

他就利用这一点牢牢控制住妻子。只要妻子要他与情人分手，他就会说别逼我，否则离婚。甚至倒打一耙，不是他要离婚，而是妻子总是提婚外情、总是提他的情人，而没有看到他已经与情人分手的事实。威胁她如果这样的话就离婚好了。

四、妻子离不开他

很多妻子觉得自己活了大半辈子，只有丈夫一个男人。离开了他，生活该怎么过？如果离开了丈夫，经济上就少了一块，自己一个人怎么带孩子？她也觉得丈夫很爱她，离开了他，她就没人要了。所以，丈夫有了婚外情，甚至都生了私生子，她也都接受，甚至告诉丈夫只要回家她就不管。既然妻子离不开他，那就只能自己承受、忍受一切。

五、妻子接受现实

一些女性朋友告诉我们，她们丈夫的婚外情持续了四五年……这么长时间里，日复一日，年复一年，跟丈夫争吵，他们没有分手；用逼离婚的方式，他们也没有分手；就算离家出走回娘家，他们还是没有分手。

我们认为如果你们的婚姻都这样了，还不离婚，丈夫就会觉得你是能接受现实的。

既然你接受了，他为什么还要和情人分手呢？只要你可以承受着，他就没有压力。以前你没有发现他出轨的时候，他可能还觉得压力很大，会愧疚，还会担心。现在你已经知道了，他也承认了，他反而放下了思想包袱，他想回家就回，不想回家就不回。

男人出轨了，还敢生下私生子，他也不离婚，他的这些底气大多是妻子给的。妻子无底线的忍让，就会让他们更自负、更膨胀。他们认为自己虽有婚外情，但并没有破坏家庭婚姻，他没有提出离婚，妻子有什么资格离婚呢？有的人甚至还会想，自己挣钱养家，妻子就应该屈服，凭什么要他离婚？正是因为有妻子的忍让，加上他这种观念的支撑，才导致这些出轨男人就是不离婚，两头都占着，两头都有孩子。

因此，我们提醒那些情人，如果你想要通过生私生子逆袭，你一定要先为自己、为孩子考虑。如果你单纯考虑想要逆袭，你就是被爱情冲昏了头脑。一个正常的男人，他如果真的要娶你，他一定不会让你生孩子，他一定会先跟他妻子离婚。

大多数出轨男人，并没有为了私生子而离婚的想法，他们也大多不敢坚定地起诉离婚。这些出轨的男人很自私，他们在婚外情里其实就是两面派。女人不要轻易上他们的当，以免辛辛苦苦为他养儿育女，最后换来的却是痛苦和悔恨。

第三节　怎么应对有私生子的婚外情

很多妻子遇到丈夫在外面有了私生子，往往很崩溃，她觉得自己的婚姻不会好了，丈夫和他的情人永远也断不干净了。实际上，并不完全如此。面对这种棘手的特殊情况，妻子首先要厘清以下四个问题。

一、你们的婚姻质量能不能支撑挽救婚姻

挽救婚姻要耗费夫妻之间的能量。换句话说，挽救婚姻的前提是，婚姻基础要比较扎实。如果想挽救婚姻，我们建议大家先用五个标准评估你的婚姻。否则就没有能力、没有底气解决婚外情的问题，还有可能会误判自己婚姻走向。

唐唐结婚9年，丈夫出轨4年，是什么原因造成的呢？因为那段时间，她丈夫刚好在外地开分公司，经常出差，才出现了这样的问题。在处理唐唐的案例时，我们建议唐唐应该挽救婚姻，因为她和丈夫的婚姻质量还是比较好的。这主要体现在两个方面，一是他们的感情基础很好，婚后两人感情的发展也比较好。二是他们的婚姻发展不错，在9年的时间里，男人事业有成，唐唐很支持丈夫的事业。他们买了房，也生

了小孩。他的岳父、岳母对他的看法也发生了改变，满意度也挺高。

他们的婚姻里自然也会有矛盾冲突。男人一直觉得岳父母家瞧不起自己；唐唐对丈夫也有一些抱怨，因为男人在外面挣钱，基本上回家比较晚，对家庭的照顾比较少。我们在辅导他们的婚姻过程中，不断地帮他们解决问题。比如，丈母娘经常到他们家，会引发一些小矛盾，但他们很快处理好了这个问题，后来，他们把婚房卖掉了，自己买了别墅，小夫妻一家人自己住，请了保姆照顾家里，他们的日常生活矛盾冲突也就解决了，至于他们婚姻的危机，我们首先看到她丈夫的态度是想解决婚外情和私生子这些问题的。所以，我们的辅导也是朝这个方向，一步步去行动加以解决。

通过这个案例，我们可以看到婚姻质量是挽救婚姻的基础，也是解决婚姻问题的重要的支撑。如果你们的婚姻本身就岌岌可危，状况一直都不好，就好像一个人得了癌症，患者的体质非常虚弱，怎么可能动得了手术呢？

二、弄清楚男人与私生子的关系是强关系，还是弱关系

在唐唐的案例中，他们自己生了两个孩子，一个是儿子，一个是女儿，也就不存在非要生儿子的问题。唐唐的丈夫平时也很少照顾小孩，有时候他还嫌小孩子吵闹，影响他休息，他和自己家孩子的关系属于弱关系。

那么他和私生子的关系是强关系还是弱关系呢？我们可以通过这几件事来评估：情人孕检的时候，他是不是全程陪同？他经常会抱孩子、哄孩子吗？

还是拿唐唐的案例来说，唐唐的丈夫并没有全程陪同情人去孕检，只是碰巧有时间他才会去。他也没有花时间、精力照顾私生子，主要是情人和她的母亲一起在照顾孩子。从中可以看出，他和私生子的关系也

属于弱关系。

这种弱关系处理起来相对好一些。如果男人和私生子是强关系，处理起来就会有难度。有一个案例，男人非常爱孩子，他和妻子生了三个孩子。每生一个孩子，他都陪着妻子一起坐月子，全方位照顾小孩，换尿布、喂奶、起夜都是他做。他出差期间，每天都会和孩子通视频电话。当他在外面有了私生子，对私生子也是呵护备至，还想过要把私生子带到家里抚养。

三、弄清楚婚外情跟婚姻的关系：是替代关系，还是补充关系

唐唐的丈夫出轨了4年，他从来都没想过要离婚。刚开始，他只是出于同情那个女人的遭遇，时常陪伴她，才产生了婚外情。他在外地做业务，刚好情人在那里的分公司工作。两个人在情感上有一种寄托，在事业上又联结在一块，他们属于混合型婚外情，并不是那种单纯出于情感需要、两个人爱得很疯狂的类型。

如果理性看待这个问题，我们会发现唐唐丈夫的婚外情并不能够替代婚姻，也就是说，情人不能替代唐唐，这种婚外情属于补充关系。当我们弄清了婚外情和婚姻的关系，就会给解决问题吃下定心丸。

四、我们要考虑他们断不了什么，是断不了感情，还是放不下孩子

还是看唐唐丈夫和情人之间的感情状况。这位情人在帮唐唐丈夫业务的时候，还处于已婚的状态。他们之间不是激烈的爱情，而是属于日久生情。两个人相处时间长了，觉得对方对自己好，再加上一点激情，就产生了婚外情。

再看唐唐丈夫与孩子的关系。他虽说断不了跟私生子的关系，事实上，他一个半月没去看望私生子，不是也做到了吗？通常他在家里的时候，或者他没有去那边出差的时候，他和那边的亲子联结也是断的。因

此，这两条关系都是男人虚构的，都是妻子自以为是的。很多妻子认为丈夫与情人断不了感情，是因为他跟私生子断不了血缘关系，事实上，很多时候分手与否是没有这方面的问题的。还有一些男人会找借口说，因为经济关系或者利益关系断不了，这也是睁眼说瞎话。我从来没有听说过，一个老板离开某位员工，他的公司就会倒闭，根本不存在情人离开了就做不了业务、公司就会倒闭的问题。

事实上，婚外情真正难断的是依恋关系和三角关系。

很多男人在心里非常依恋情人。人累了，谁不想找个地方歇一歇、靠一靠，谁不想有个温柔乡。如果情人认可他、崇拜他，又会讨好他，两个人相互之间有很多认可，就会形成依恋关系。就拿唐唐丈夫来说，他去那个地方出差、应酬完回到住的地方，有一个女人等着他，会让他有一种家的感觉，有一种归属感。另外，他在事业上觉得也要靠着情人，公司里有很多事都需要情人的支持，因此他在事业上对她也有依恋。

另外，当婚外情发展成了三角关系，婚外情就很难断掉了。情人、妻子和男人自己，这三者的关系是平衡的。他跟妻子相处不愉快的时候，就跑出去找情人；他跟情人腻了、有矛盾了，就跑回家里。虽然他两边跑，也有苦、也有累，也有担心，但在这样的三角关系中，他找到了一种平衡感。他觉得能搞定两个女人，两边的事情他也都能处理好。他在心里会觉得自己很厉害，很能干。

总而言之，男人的婚外情断不了，本质上是依恋关系和三角关系断不了。三角关系，我们可以打破；依恋关系，处理起来有点难度，但也不是无法可解。要彻底处理这个问题，我们在操作的时候，可以按照这五个步骤进行。

第一步，先要处理大方向。

出轨男人一般都不希望婚外情曝光，如果曝光了，一般他们都不想离婚，但也不想和情人分手。你要抓住不离婚这个大方向，不要让他产生抵触心理。再去做一件事，就是通过举行三方会谈，协调相互之间的关系以求解决问题。

第二步，斗争。

唐唐丈夫曾提出三个人一起过，他一周去一个家，他真把自己当皇帝了。面对这种情况，你要明确告诉他，你不接受“三人行”，不接受这样的状态。在这个问题上，你绝对不可能妥协。开始斗争前，一定要做好规划和安排，还要把握好节奏，做好每次谈话的准备，带着目的去谈。具体怎么斗争要根据各家的情况而定。

第三步，做好主攻和侧攻。

关于有私生子的问题有一个处理原则：主攻婚外情，侧攻私生子。在实际处理的这个过程中可能会做一点调整，具体要看男人对婚姻和婚外情的态度。这个态度，实际上是他对婚姻和婚外情做出的决定，决定的背后一定跟他出轨的驱动力有关系。

你要搞清楚他出轨的驱动力，你就会知道他作的决定是糊涂的决定，是情绪化的决定，还是创伤的决定，或者理性的决定。对待不同的情况，处理的方法也是不同的。

第四步，解决分手的阻碍。

丈夫与情人总是分不了手，这边说了要分手，那边又与情人联系。怎么就那么难分手呢？因为他的大脑说要分手，但他的心、他的情感不愿意。如果物理层面没断掉情人的联系，情感层面也没断掉依恋关系，以后就一定还会有事情发生。我们要解决他分手的障碍，如果你不解决的话，不打破他对分手的犹豫，他就没法彻底和情人分手。

第五步，击碎情人的天真、幻想和计划。

很多情人都很天真。她们以为有了孩子就有了法宝，可以实现建立家庭等的愿望，以为只要她耗着就能够把男人的妻子耗垮，以为只要她打电话告诉妻子男人出轨了、有私生子了，他的妻子就会离婚。当你把她这些自以为是的天真幻想击碎后，她就会重新审视这个男人，重新审视他们的感情。你要从心理上彻底击垮情人，重建她的婚恋观念，让她走出新的人生道路。

第十六章
男人真正回归家庭

第一节　男人选择回归的原因

男人在出轨之后，心里都有一本账。他会暗自盘算到底要不要婚姻，要不要妻子。他选择回归家庭，最首要的原因在于，他认为婚姻值得他留下。通过大量案例，我们发现男人评估婚姻有五个标准，他会依据这些标准决定自己的去留。

一、夫妻两人的感情基础

男人对待感情基础与女人不一样，他要的是爱的感觉。女人刚开始不一定爱一个人，但相处时间长了可能会爱上他，这是一种情感依恋使然。男人对感情不是这样，他要看自己对此是否有激情？当时是不是发自初心？男人要有爱情的感觉，要有火花四溅的感觉，要有亲密感，这才是男人对感情基础的判断和理解。

二、婚姻是不是有发展

对男人来说，婚姻的发展很重要。也就是说，娶了妻子之后，他要有自己的成就。例如他以前是普通职员，婚后做了中层干部，或者当了老板；以前他学历低，后来他参加进修，有了高学历；以前他没房、没孩子，现在有房，也有了孩子。男人会认为娶了妻子才有了这些，他会更看重这段婚姻。如果他在结婚前就什么都有了，那婚姻在他心中的分量会轻很多。

三、婚姻的满意度

男人对婚姻满意度包括很多方面，他会看妻子给了他生理层面和心理层面的满足吗？给了他爱和被爱的满足吗？她尊重自己吗？理解、支持自己吗？还有他的个体发展，例如他要创业，妻子是泼他凉水，还是赞同他，愿意帮他借钱？另外，男人还会看社会层面的满足。在他的社交关系里，妻子照顾了他的面子了吗？在婚姻的小社会里，妻子孝敬他的父母吗？在家里，让他感受到自信和有权威吗？还有一点，妻子符合他对婚姻的预期吗？假如男人的父亲从不做家务，但他在自己家里，都是他做家务，他就会觉得有落差，会失望。

四、对于夫妻之间的矛盾冲突，能不能解决

婚姻出现矛盾冲突时，很多男人通常考虑的不是他自己去解决，而是妻子能不能帮他解决。比如遇到婆媳矛盾，他想到的解决方法就是妻子要乖一点、要听话服从，要放弃自己的主张。如果他恰巧遇到的是一位难纠缠的妻子，遇到了矛盾就整天和他闹腾，他很可能会放弃婚姻。

这里我们要提醒一些妻子们，当你们遇到了丈夫的某个问题不要纠缠不清。我们曾经辅导过的一位来访者，她丈夫做生意亏了钱，她就天

天闹腾，连续闹腾了两三年，这样的话哪个男人受得了呢？

还有一些妻子，一跟丈夫吵架就不断地升级，本来只是接孩子这种小事，结果两个人吵成了要离婚。在婚姻里，如果你总是将芝麻大的事儿吵得比天都大，或者一吵就说狠话，否定丈夫，甚至离家出走，那说明你不会处理家庭矛盾。婚姻矛盾累积多了，丈夫就很容易出轨。出轨后，他也很可能不愿意回到家里。

五、婚姻的舒适区

如果男人觉得他可以控制妻子和婚姻，他肯定不会选择离婚。如果他在婚姻里已经失控了，随便一件事情都能让他情绪崩溃，妻子还总是纠缠不休，他会觉得太烦了、太累了，跟妻子在一起太可怕了。这样的话，他出轨了也不太会有意愿回家。

大家可以对照上面这五个标准来看看自己让丈夫满意了吗？如果你有两条以上都做到了，那你丈夫就不会选择离婚，出轨后他也会愿意回家。

出轨的男人回到家里，一方面是因为他心里愿意，他对婚姻和妻子大体还是满意的。另一方面，一些突发的事件也会刺激他，让他产生强烈的回归意愿。一般来说，让出轨男人回到家里的原因，多半源于以下三个方面。

第一，他承受了非常大的压力，迫使他只能回家。有可能是他的妻子或者父母给他施压力，逼迫他回家。如我们曾辅导的一个案例，男人的妈妈知道儿子有婚外情后，就找到他的情人大闹一场，还以死相逼，威胁儿子必须回家，男人只好乖乖回家了。此外，也可能是外界的多种压力让他无法承受，最终他选择了回归家庭。男人出轨后，会面临社会舆论、事业、经济、亲友等多方面的压力，面对这些强大的压力，他只好妥协。

第二，他跟情人之间产生了矛盾冲突，两人的关系出现了危机。男人和情人在日常相处过程中，经常会产生一些矛盾，比如情人不断向男人索要钱财、陪伴和关心，或者两个人的生活习惯不一致，时常有摩擦争吵。当他发现婚外情不像之前想象的那么轻松美好，他承受的压力就会越来越大，他也越来越不开心，他自然就会回归家庭。

第三，他感觉和妻子的关系濒临崩溃了，如果他再不回家，很可能妻子就要离婚了，而他又不想离婚。或者，他觉得跟妻子的关系还能够缓和，夫妻关系还能够重建，他最后也会选择跟妻子在一起生活。

虽然分析了很多原因，但归根究底，真正让男人回归家庭的核心要素，实际上还是夫妻感情。只有夫妻感情坚实牢固，这段婚姻才能抵抗住婚外情的冲击。

第二节　男人真正回归家庭的迹象

很多来访者都会这样问，譬如“我先生出轨了，他说要回归家庭，我怎么判断他是不是真心要回家呢？”有一些妻子坚持认为，丈夫是假回归，真离婚。他回家不过是在等待一个时机，以便离婚。

如果他和情人那么相爱，难道还需要等待时机吗？如果他们是真心相爱，男人无需等待，会直接告诉妻子要离婚。

所以在我看来，妻子不需要怀疑，或者猜测丈夫的回归是真心还是假意。男人回归家庭了就是回归了，只是不同的人驱动力不一样，回归的程度不一样而已。一个出轨的男人到底怎样才算回归家庭了？从大量案例中可以观察到，男人真正回归家庭了，他会有以下表现。

一、肢体由僵硬变柔软

以前，他面对妻子肢体僵硬，现在变得柔软了。以前睡在床上，他会给妻子一个大后背。现在他跟妻子在一起会平躺，甚至会搂着妻子。

二、他不会那么牵挂手机了

他不再那么担心手机了，手机随便放在哪里都行。他的手机密码可以让妻子知道了，他也不会删除手机里的信息了。他的聊天记录，妻子可以随便看。

三、最重要的一个指标，他愿意跟妻子谈婚外情

他愿意跟妻子谈婚外情，也愿意跟妻子谈情人，甚至妻子提出要见情人，他也会同意。

他跟妻子一起谈婚外情的时候，或者在进行三方会谈的时候，他的态度比较诚恳，不再像之前那样遮遮掩掩了。

四、他也会表露真实的情绪

他会呈现出他的情绪，像烦躁、不安、担忧等。他会向妻子表述自己的心情，并告诉妻子是怎么回事。跟妻子谈的时候，他还真的会唉声叹气，他会真的告诉妻子他有什么困难。

五、明确了导致分手的具体事件

他会跟妻子谈确定与情人分手。他会详细说到与情人之间发生了哪些事情，让他们没办法继续下去了。他可能也会说对情人的某些方面不是特别满意。往往这时，他还会跟妻子说明如果真的跟情人在一起，肯定会产生很多矛盾。

六、确定了回归的根源

他为什么要回归家庭？常见的是他会坦白地告诉妻子之所以回归家庭，最重要的是他还爱她。或者说他不愿意让孩子在离异的家庭里成长。他一定有他的打算和考虑，他愿意把他的想法告诉妻子。

七、融入家庭生活中

他愿意与妻子融入家庭生活中。他会与妻子一起做一些家务。可能以前他并不做家务。他会跟妻子一起过周末，看望双方的父母，或者一起跟朋友聚会，这恢复了正常的人际交往。凡是社交关系没有正常化的，应该还存在某些问题。

八、开始共同执行规划

他开始做一些规划，并且还会与妻子一起执行这些规划。比如，妻子说房子装修不好看，他会提议一起装修。之前对孩子的规划还没有落实的，现在他会执行，比如给孩子找老师，找学校，找旅行资料等。

九、不再怕伤害情人了

跟妻子交流的时候，他不再怕会伤害情人，不再有要保护她、还要和她做朋友这类想法了，而是比较客观、坦诚地面对情人的事情。他更多会考虑要怎么做，才有利于与情人分手；要怎么做，才有利于断了情人的念想。他愿意跟妻子一起往这个方向努力。

十、他开始明确对妻子提要求

他会对妻子提出一些很合理、很具体的一些要求。比如，他会提出想要妻子做什么样的菜，或者告诉妻子，她做的菜的咸淡等。他会提出类似这些很细节的要求，而不是那种不可能做到的要求，比如要求妻子改改强势的脾气、或者改穿着打扮等。

实际上，男人是否能够真正回归家庭，也与他回归后和妻子的相处状态有很大的关系。

如果妻子想让丈夫全然回归家庭，她还需要做这几件事情：第一，对他回归的行为给予肯定。要清楚地告诉他欢迎他回家。第二，还要告诉他，你会要求他做到哪些事情，让他也可以清楚知道你们的未来。第三，你还要告诉他，你可能也会有烦躁、怀疑等情绪，需要他做出解释，希望他能够坦诚交流。第四，要信任他。你要给他时间来调整，也要向他反馈你的意见。如果他与情人继续联系，你要及时指出来，而且你要理解他的藕断丝连。第五，你们要一起重建夫妻关系，重建彼此的信任和依恋。

经过上述五个步骤，出轨的男人就能真正回归家庭，才能够与妻子重建婚姻，继续生活。如果男人回归之后，家里每天还是糟心事，他为什么要回归呢？

第三节　回归家庭的三个阶段

很重要的一点希望大家要记住：出轨丈夫回归家庭是一个过程，不是简单的一句话。出轨男人回归家庭，会经过一个相对曲折的过程，不是一朝一夕的事情，这中间可能会有纷争、反复。这个过程大致有以下三步。

第一，他在意识上愿意回归家庭。在他意识到跟情人没有未来、婚外情的风险会越来越大时，他才会选择回归家庭。

第二，他为回归家庭做出了承诺和行动。如果男人出轨回归家庭后，他都不愿意给妻子一个承诺。譬如当妻子问他跟情人分手了吗，他回答：“我都已经回来了，你还过问那么多事情干嘛？”这种情况说明他并没有真正回归。

只有当他不仅在口头上做出了明确的承诺：“我一定会和情人分手，我不会和她在一起”，而且在行动上，他也向妻子公开手机，可以随时视频、发定位，钱财也愿意归妻子管。这样才表示男人是在努力回归家庭。

第三，他在心理层面上愿意跟妻子开诚布公地沟通有关婚外情的事情，他从内心深处愿意跟妻子交流，愿意打开他的心扉。他在婚外情里也有憋屈，也有很多想法，他愿意跟跟妻子交谈这些感受。如果他脾气很大，动不动就逼迫、压制妻子，那就表明他还不算是回归家庭。

从大量案例中可以观察到，当出轨男人真正放下婚外情，选择回归家庭，他会经历这样三个阶段。

一、理性层面的回归

他在意识层面已经确定，这段婚外情没办法继续下去了。曾经有一位来访者，她丈夫的出轨对象是公司董事长的秘书。这个男人一方面知道自己跟情人不可能有未来，另一方面他也害怕万一让董事长知道了，自己会失去总经理的职位。如果事业遭受损失，他也没办法跟家人交代。当婚外情的激情退散后，她与情人之间也开始出现各种问题时，男人首先会在理性层面回归家庭。

二、物理层面的回归

物理层面的回归包括几个方面：一方面，他人回来了，不再像出轨时那样夜不归宿，甚至离家出走。或者，他以前早出晚归，现在变成了晚一点出去，早一点回家。另一方面，他不再像从前那样与妻子分居、分房，而是真的跟妻子共处一室了。

三、依恋关系的回归

实际上真正难的就是依恋关系的回归。他愿意和妻子掏心窝子讲一些话，包括他对婚外情的看法和感受。他也自然跟妻子流露情绪，得到妻子的安抚。如果妻子出现一些状况，他也愿意安慰她。他会跟妻子一起交流、一起买东西、外出旅行，还会跟妻子过性生活。这些都是情感依恋的回归。

很多出轨男人的回归只是集中在第一阶段，即理性层面的回归。如果后面的阶段都没有继续下去，妻子也没有努力和丈夫去重建亲密关系，婚姻最终还是会走向结束。所以，妻子们要牢记，不要总纠缠丈夫是主动回归，还是被动回归，你要做的是修复你们的夫妻关系。出轨的丈夫回家了，你们之间的亲密关系处于有背叛、缺信任，有回归、缺认可的状态，你要重建、修复你们之间的亲密关系。你要让丈夫感受到你们两人是一起朝着幸福的方向去发展。这个修复关系的过程可以细分为以下阶段：

第一阶段，你要与丈夫确定一件事情——你们还是夫妻关系，你们双方都很清楚共同的目标是想要维系好婚姻。

第二阶段，确定你们的亲密关系要发展到这个程度：妻子对丈夫的婚外情心存疑惑，丈夫应耐心回答；妻子想要举行三方会谈，丈夫愿意去做；妻子想要丈夫公开手机信息，丈夫能够配合。

第三阶段，妻子可以跟丈夫坦诚沟通自己的感受，自己的痛苦、受到的伤害等等。丈夫应坦然面对，并会心疼、会安慰妻子。或者，可能他不知道该怎么做，但是他不会那么理直气壮地反对了。譬如他不会粗暴地回答：“你能过就过，过不了就离婚”，也不会说：“都是你自找的，你还要我怎么样呢？”他能够看到、理解妻子的情绪，而不是完全忽略。

第四阶段，婚外情这件事情告一段落了，夫妻关系聚焦的重点不再是背叛，而是婚姻里面的一些矛盾。妻子希望什么、想要什么，都愿意对丈夫说。她表达的是一种渴望，而不再是抱怨、指责。

第五阶段，也是亲密关系的终极阶段，你们之间有温暖的感觉，你们彼此认可、支持对方，你们还有一些小激情、小浪漫，还有共同的成长。

只有达到了这样的状态，夫妻之间的关系才算开始好转，才算开始了婚姻重建。从根本上来说，婚外情也是一种婚姻创伤，需要疗愈。只有夫妻两人一起努力修复好关系，才能真的超越出轨带来的伤害和痛苦，收获幸福和谐的婚姻。

第四节　治理婚外情的步骤

治理婚外情可以分为五个阶段。第一阶段：妻子要求丈夫结束婚外情；第二阶段：丈夫结束婚外情；第三阶段：妻子接受丈夫回归；第四阶段：创伤疗愈；第五阶段：重建婚姻。在每个阶段，我们要做的事情都不一样。

治理婚外情不是一件简单的事情，不仅仅是通过夫妻会谈、三方会谈。从专业的角度有几个关键的步骤。

一、我们要接引负面情绪，停止夫妻关系恶化

当你发现丈夫背叛了你，你很愤怒、很崩溃，你很悲哀、很无助。你完全沉浸在自己的情绪里，你有没有考虑过你丈夫是什么情绪呢？

事实上，刚开始背叛你的时候，他也痛苦。在他出轨之前，他的心里也感到担忧。如果你没有看到他的情绪，譬如他可能曾对你讲过：“我希望你多关心我一点”。你却回答：“我没有精力关心你，我要忙工作、带孩子，我还要照顾你的爸妈，我还要忙家务，你一点都不帮我做，你还让我关心你？”在这样的情况下，他就会起心动念，移情别恋了。

即便他真的移情别恋了，他也会有焦虑，担心万一被你发现了，怎么办？他也会害怕情人逼迫他离婚娶她。如果你发现他出轨了，他也会担心、恐惧，想着你会不会逼迫他离婚？会不会闹到他的单位？

你要知道在这种情况下，他到底在想什么。实际上他很难过、很痛苦、很焦虑，他也进退两难。只有极少数男人出轨被妻子发现后，还兴高采烈、理直气壮和无所谓的。大多数男人都是恐惧、害怕、焦虑。

当我们了解了他的这些情绪，才能够真正地把他的负面情绪接引过来，再把它们引开。你让他吃了定心丸，他才可能与你一起处理婚外情。否则，他就会跟你对着干，死不认账，或者对你先发制人，甚至逼迫你离婚。

很多妻子会担心，如果自己接住了他的负面情绪，自己会不会很被动？其实你根本不用担心这个问题，因为你这么做，会让他真正看到婚姻的走向，看到妻子的基本态度，至少他不会对你进行防御，不会对你做出攻击、反击的举动。

假如你一直盯着他到底承不承认有婚外情，盯着他到底结没结束婚外情，譬如威胁他：“你不承认有婚外情，我就去找证据”“你不结束婚外情，我找你的单位，我找你妈，我找人打你的情人”。这些通通都会导致你们两个人的关系进一步恶化。所谓停止关系恶化，就是说你停止对他做出极端的事情，也停止做破坏修复夫妻之间关系的事情。

二、梳理你们之间的矛盾冲突，确认真实的矛盾

你们结婚十年、二十年了，你们之间到底发生了什么矛盾冲突，是亲子问题，还是婆媳问题？有很多情况，表面上看起来好像是你们的婚姻有冲突，实际上不是婚姻有冲突。比如，他不愿意跟你过夫妻生活，你就以为你们之间的矛盾是夫妻生活不和谐。事实上不是，而是因为他和你之间矛盾冲突不断，他看到你就觉得讨厌，他没有心情过夫妻生活。

所以我们要确认真实的矛盾冲突到底是什么。比如，你们经常为鸡毛蒜皮的事情争吵，他乱挤牙膏、乱丢袜子，还有他的个人卫生习惯不好，等等，这些鸡毛蒜皮的矛盾，根源是你不认可他，这才是关键。当你抓住了这个问题，就从这里进行调整。

三、系统分析原生家庭及个人成长史，进行婚姻匹配度分析。找出婚姻跑偏的根源，并疗愈彼此之间的创伤

分析原生家庭，主要是分析他父母的婚姻模式、教养模式给他带来的影响，以及分析他个体成长过程中的影响，也就是他从脱离家庭走向学校、走向社会、走向公司，这整个过程让他形成了什么样的关系模式，成为怎样的人？比如，他的相处模式是什么类型的，是讨好类型、打岔类型，还是平和类型，或者是攻击类型，甚至暴力类型？

另外，我们进行婚姻匹配度分析，找的是两个人不匹配的地方，冲突的地方，你们受到创伤的地方。做这些分析不是结束婚姻关系，而是要找出婚姻跑偏的根源在哪个方面，这样我们才可以从这些方面疗愈他，给他支持和温暖，给他真正期待、想要的东西。

四、破除婚姻及婚外情的误区，消灭夫妻卡壳的地方，建立夫妻链接

有些人认为婚姻就是从一而终，我们永远不可能离婚，如果离婚，就是不行的；婚姻就是忍受，就是要迁就、要包容。其实这些观念都是对婚姻认知的误区。此外，一般人会认为情人就是年轻漂亮、有魅力；他们是真爱；他们不是真爱，情人是图我们家的钱，看中老公有财力；他们就是互相欺骗，他们就是贪图享乐等，这些通通是我们对婚外情的认识误区。

你对丈夫有各种各样的误解的时候，你们夫妻之间就会卡壳，卡在你们的婚姻里面。在这样的情况下，就没有办法从矛盾的窠臼里走出来。

所谓建立链接，不是连接的连，也不是联系的联，而是链条的链。链接是指你们有桥梁，你们之间可以沟通，可以交流。

譬如你问他："你有没有分手？你承不承认有婚外情？"他回答："你有证据吗？你不要跟我讲这些，你能过就过，过不了拉倒"。面对类似这样的话，你们就没有办法对话了。我们要建立链接，就是建立可以对话的平台。

五、分离外界的干扰，安置干扰人员

第三者不仅是指情人，很多人还会把孩子带到婚外情中。有些人说："我们的婚姻都是为了孩子，如果不是为了孩子，我们早就结束了"。如果总是这样的话，孩子就会卡在你们婚姻的困局里。孩子走不出来，就会以身心疾病的形式呈现出来——有的孩子身体会生病，总是发热、肚子疼，没办法上学；他也可能出现焦虑，如上课呆滞走神，或者是多动，或者是自闭，无法外出。

还有一些人的父母也会干涉他们的婚姻。我们曾经辅导过的一位来访者，她丈夫有过三次婚外情，每次都是她公公去处理。每次都是老父亲威胁儿子，如“你不结束婚外情，别想发展你的事业，别想我给你钱买别墅”。这些都属于外界的干扰。

妻子也要安置好丈夫的情人。如果男人的情人是他的同事，那就要夫妻之间先谈好，先结束婚外情，再让丈夫跟情人谈好分手，最后把她弄走。有时候这件事没有谈好，就直接把情人弄走了，最后只是让他们从明面转为地下，这是错误的方式。

六、疗愈婚姻创伤，促进双方成长

如果无论你丈夫做任何事情，得到的都是你批评他、指责他，例如他照顾小孩生病了，你就抱怨：“你一照顾孩子，他就感冒发烧，或者着凉、呕吐”。你批评他就等于你在否定他。再比如，他要开公司，你不支持他，拖他的后腿。挑一个例子，一位来访者的丈夫想要留在上海，她不同意。她觉得夫妻异地分居不行，生生地把她的丈夫拉回家乡。后来男人在本地发展得不如意，就考了上海的研究生。而他在上海读书期间，她就一直闹腾，弄得男人发展得不好，就一直怨恨她。再后来，她丈夫又去了深圳，她更加生气。他们结婚三十多年，就一直这么闹腾。如果妻子一直不支持丈夫，一直否定他，就会很麻烦。

大量的婚姻出现了这种创伤——男人的自尊被妻子伤害，他的价值被妻子否定，他没有归属感，他在家庭里没有存在感，没有价值感。只有当妻子认识到了这一点，改变这种模式，才能够真正地重新温暖丈夫的心，才能够重建你们之间的亲密关系。

七、再造婚姻，构建婚姻共同体

再造婚姻包括很多方面，首先是再造夫妻之间的信任，其次是再造婚姻的规则制度，再造你们的财务关系、夫妻生活等。这一系列的再造才能够让你们两人重新在新的模式下去构建婚姻共同体。

而构建婚姻共同体，首先就要知道婚姻共同体是什么。比如，你们有共同的兴趣爱好，这就是共同体。还有经济共同体，你们的财务要公开，还有你们事业的共同体等。

根据我们多年的从业经验，治理婚外情要一步一个脚印去做。如果想直接跳过哪个环节，或者想漏掉哪个环节不管，都不太现实。在处理个案的时候，我们都是定一个系统的方案去做，步步为营、逐步推进，最后才会彻底结束婚外情，重建美好的婚姻状态。

后　记

此书之前书名《老公，你快回来》，有大部分女性读者反应是心里不舒服的：一则是语气上是妻子低声下气求着老公回归家庭；二则是有婚外情的老公是过错方，应该是老公请求妻子原谅和回归家庭；三则是在现在男女平等的社会，婚姻如果靠一方低姿态来维持则无法真正获得幸福。因而我就动了更改书名的念头。

在与大量女性读者交流的过程中，我也深深感受读者对本书内容的认可，它活灵活现地剖析了老公背叛婚姻的心理。女性读者在面对老公背叛时，最关心老公的心理，也特别想精准把握老公的心理，一是避免误读老公的心理，二是希望不要被老公欺骗，这对是否挽救婚姻或离婚至关重要。

我在婚外情治理这个领域深耕了15年，做了上万个案例，拥有真实的样本数据，也对有婚外情的男人做了大量辅导，他们一开始有抵触，到后面打开心扉，让我得以掌握全貌。

女性面对老公的背叛，对于已知的怀疑，不再敢相信；对于未知的恐惧，惴惴不安，夜不能寐；对于隐秘的胡思乱想，辗转反侧，总想抢过手机一探究竟，甚至想剖开心扉钻进去打着灯来确定。

妻子对于老公日常心理和婚外情心理是十分迫切想要知道的，但是妻子又常常以自己的猜想来判断老公，并且产生大量的负面联想，因而产生大量的误判和自己吓唬自己，导致挽救婚姻无效裹足不前，甚至导致离婚或产生轻生的念头。其实，受伤的妻子很难理性地分析老公的背叛心理，很容易进入情绪思维状态：愤怒、悲伤、消极、郁闷、焦虑和疑惑，转而进入攻击自己和老公、厌恶老公、后悔自己的付出和牺牲、想要离又不甘心、想要毁掉老公又怕孩子恨自己的状态和心理，真是一朝遇到老公背叛，女性全面陷入精神内耗。

当女性读者拿到本书，单单看目录，就有一种拨开云雾见天日的神清气爽，本书面面俱到地为读者指明了方向，就像老公婚外情的心理指南。读者静静地读一个章节，便会沉下心来，不再担心，不再胡思乱想，想着老公的行为，比照书中的心理分析，更好地更准确地更深刻地了解老公心理。

希望本书能够更准确地向女性读者传播，更好地帮助她们挽救婚姻，并获得幸福婚姻。

作者交流微信：hunyin602

作者交流电话：13248197001